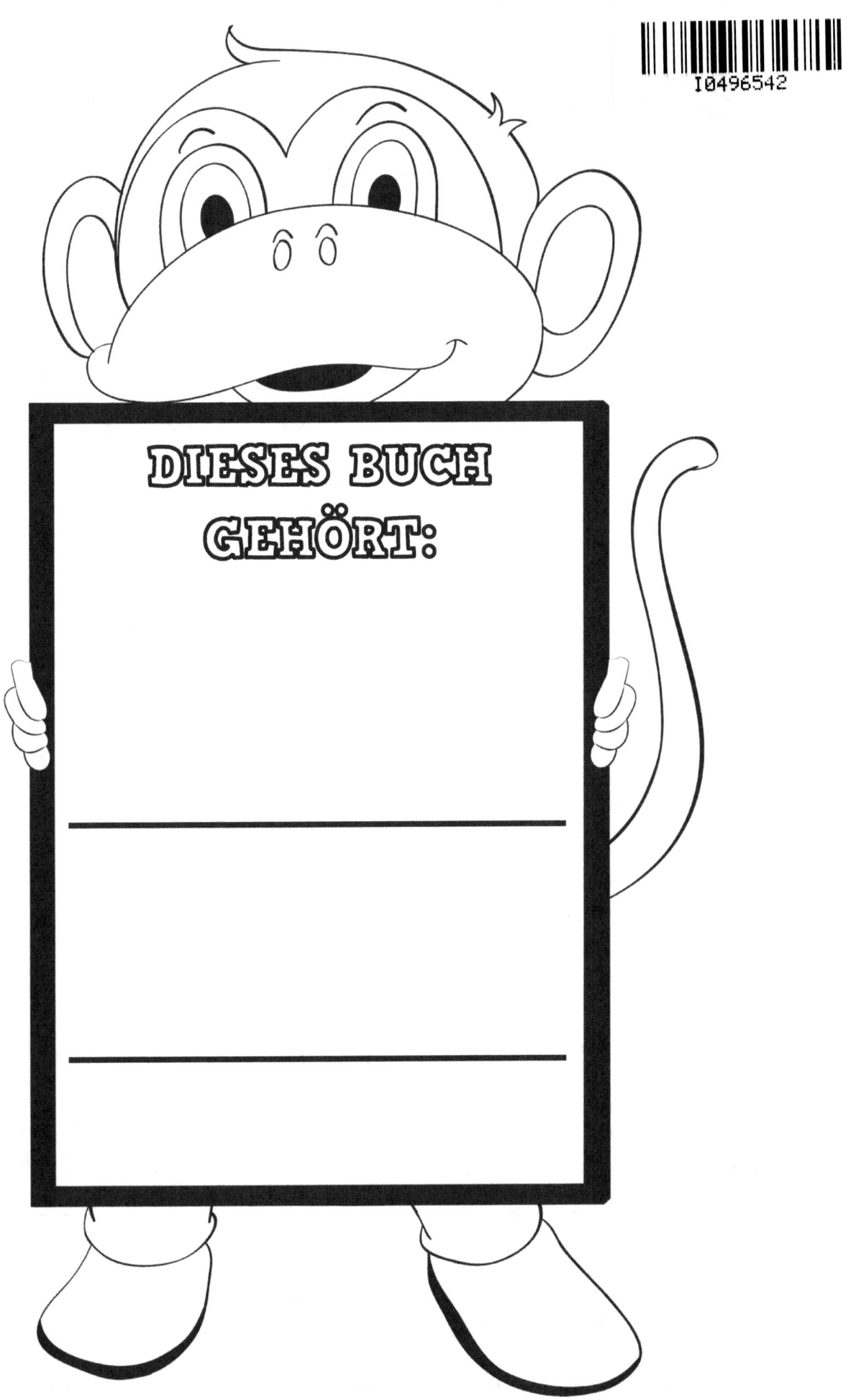

# Ameise

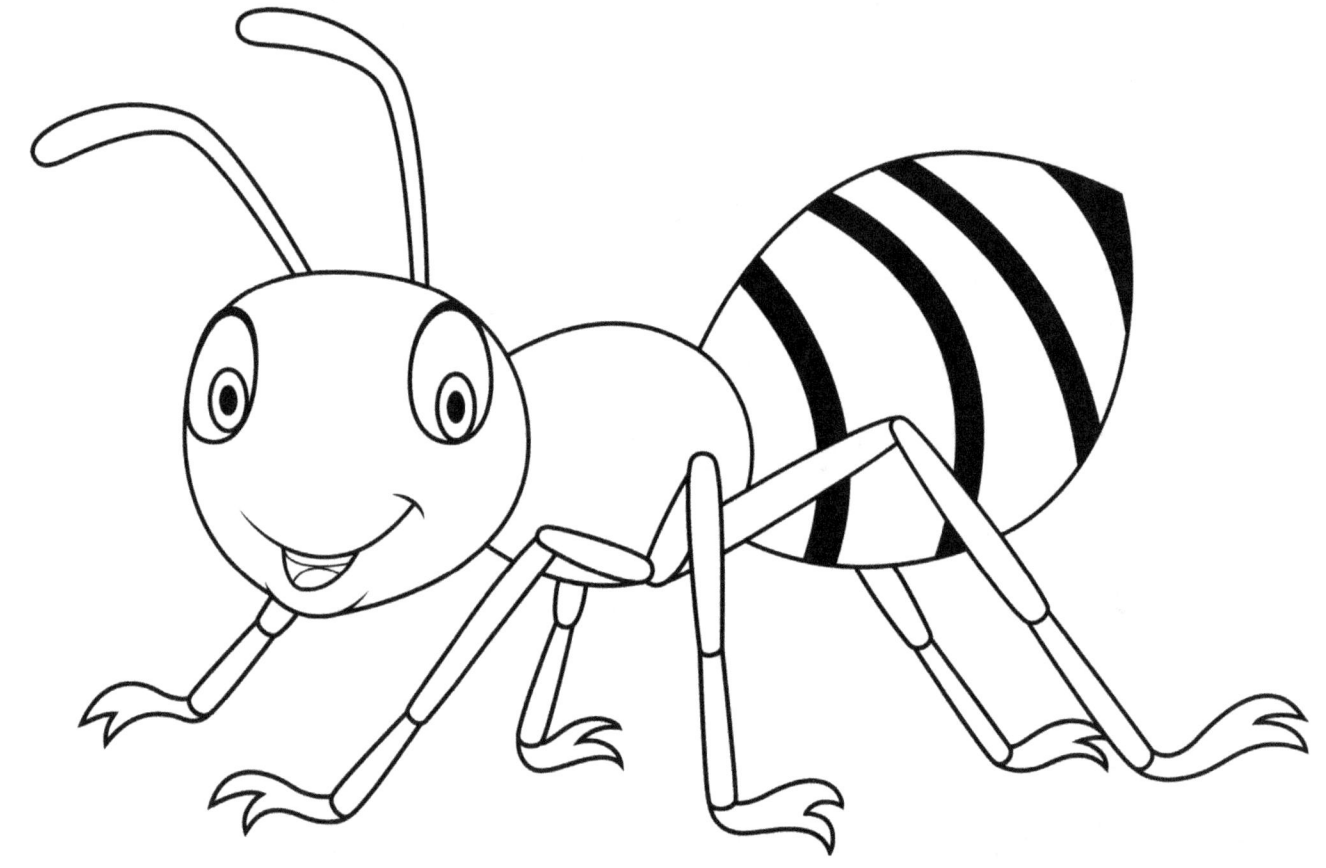

# Mier

*Mier*
_____

_____

_____

# Apfel

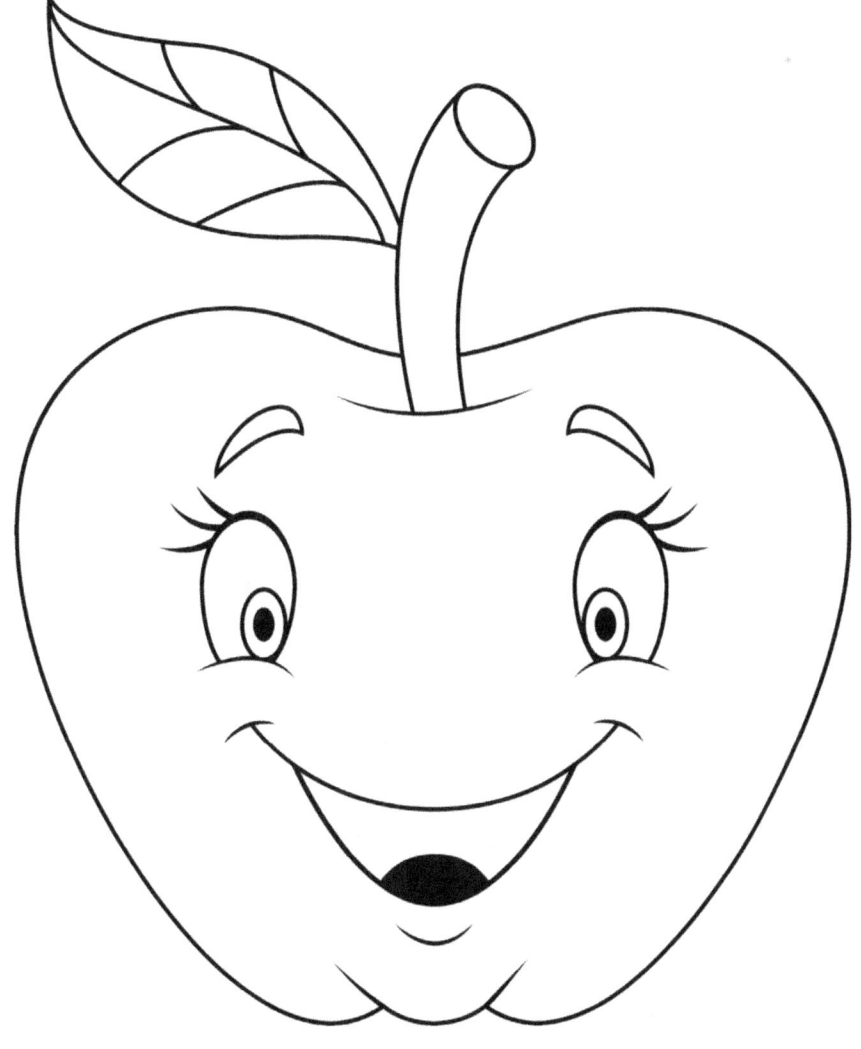

## Appel

*Appel*

# Raumfahrer

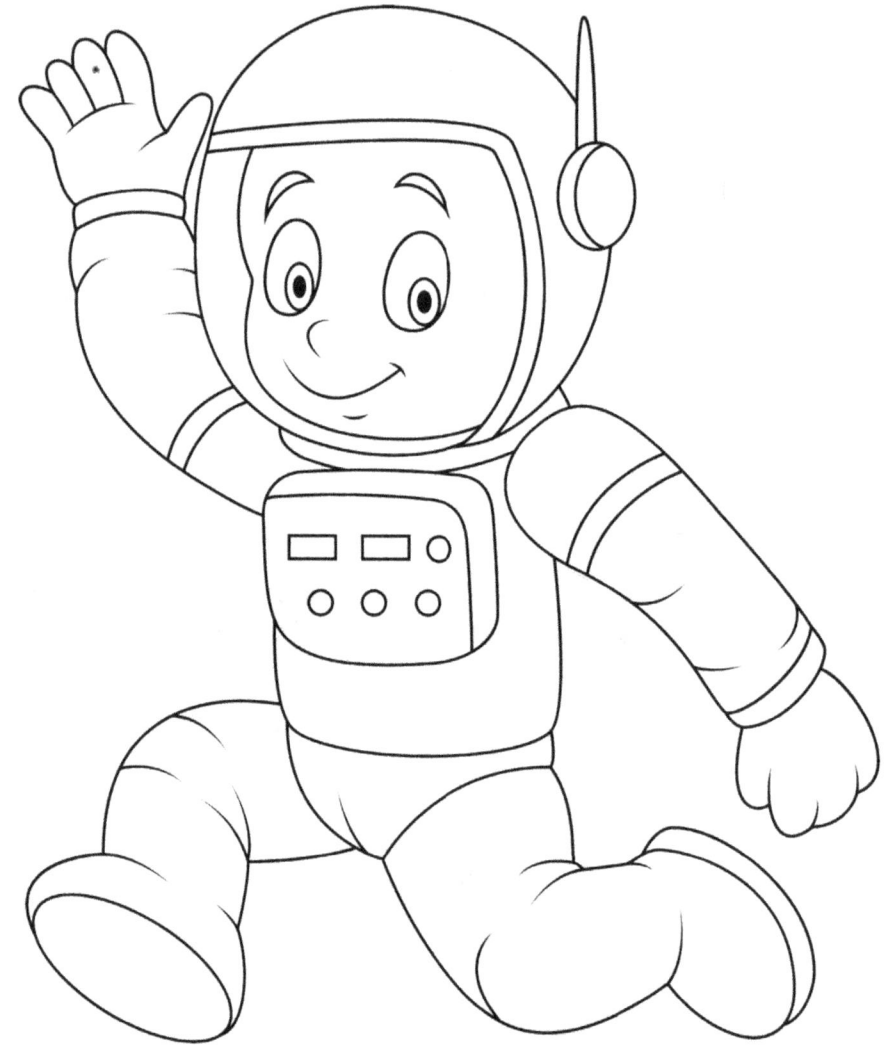

# Astronaut

Astronaut

# Banane

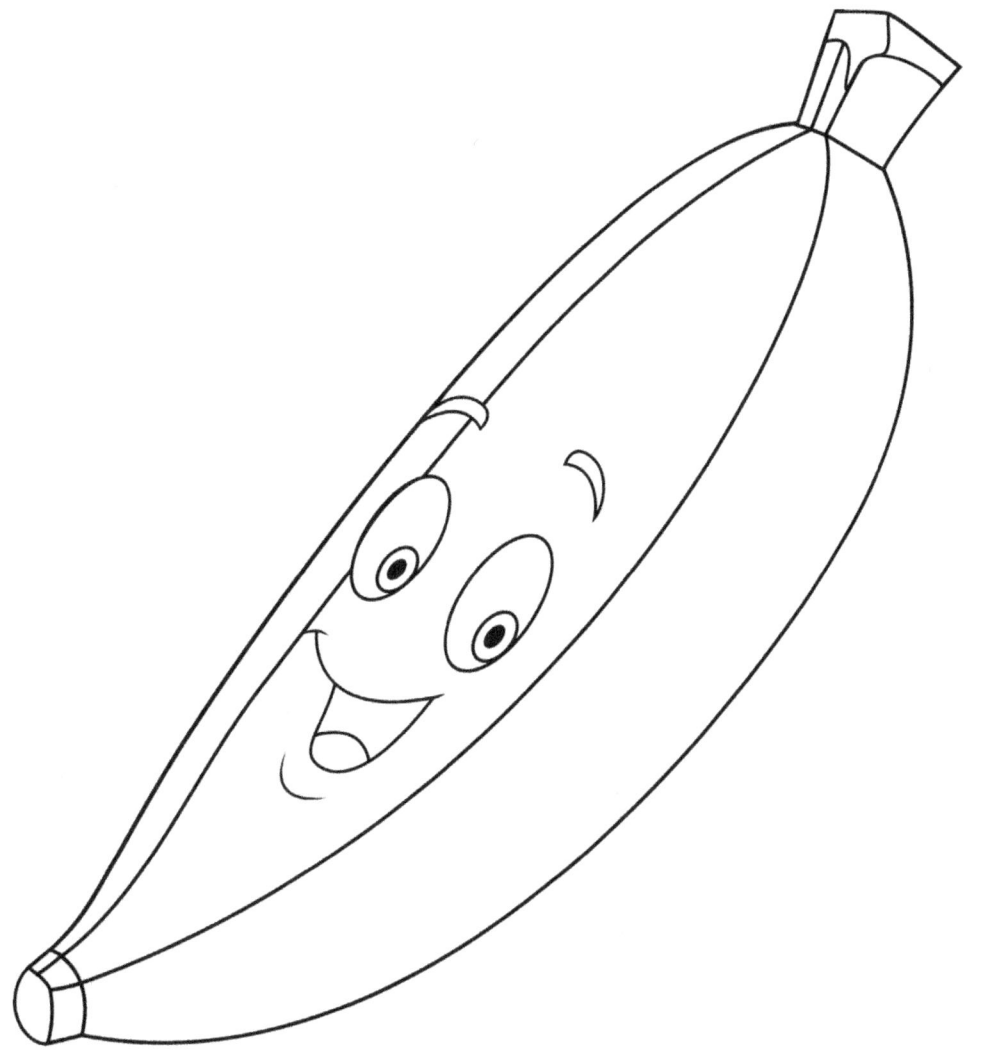

# Banaan

*Banaan*

# Ameise

## M_er

# Apfel

## A_p_l

# Raumfahrer

## Astr_n_ut

# Banane

## Ba_aa_

# Bär

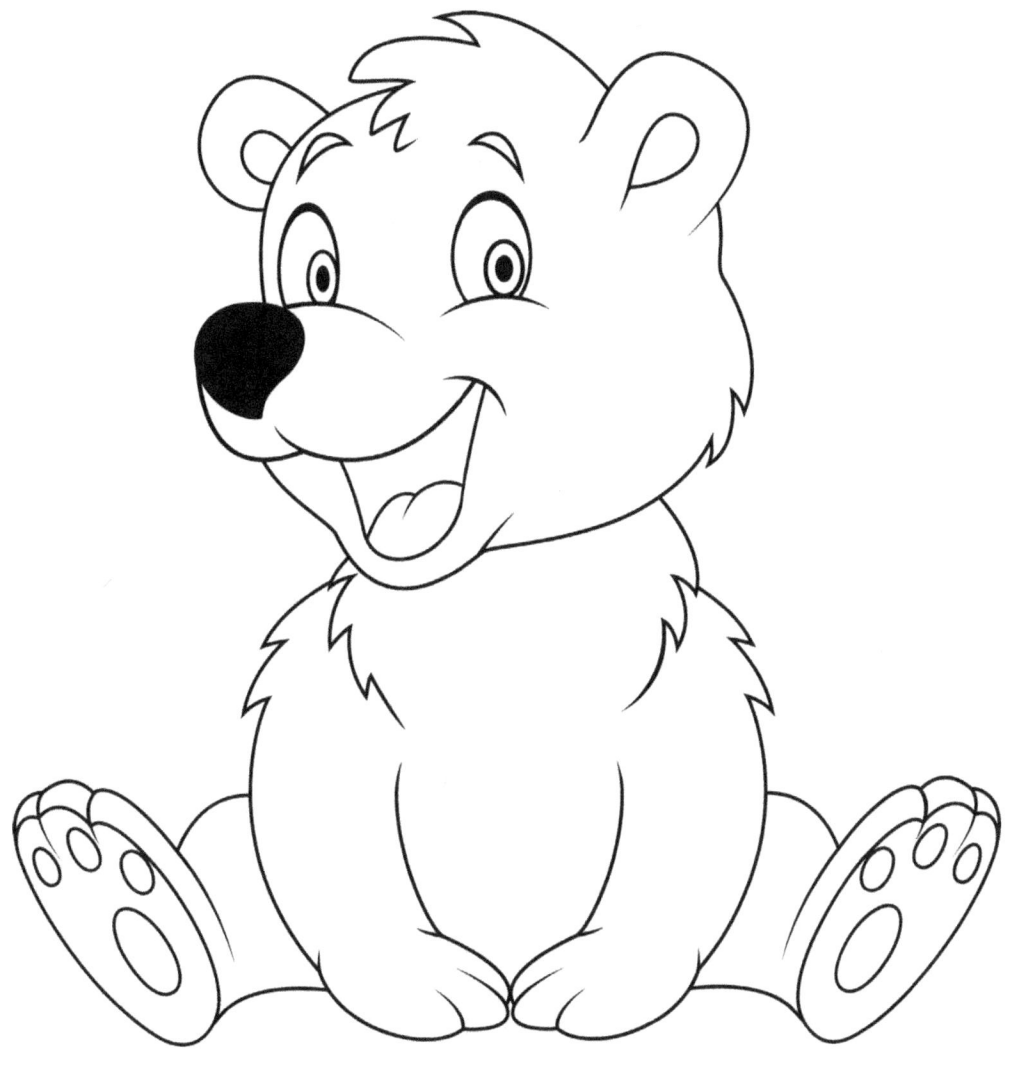

# Beer

*Beer*

# Buch

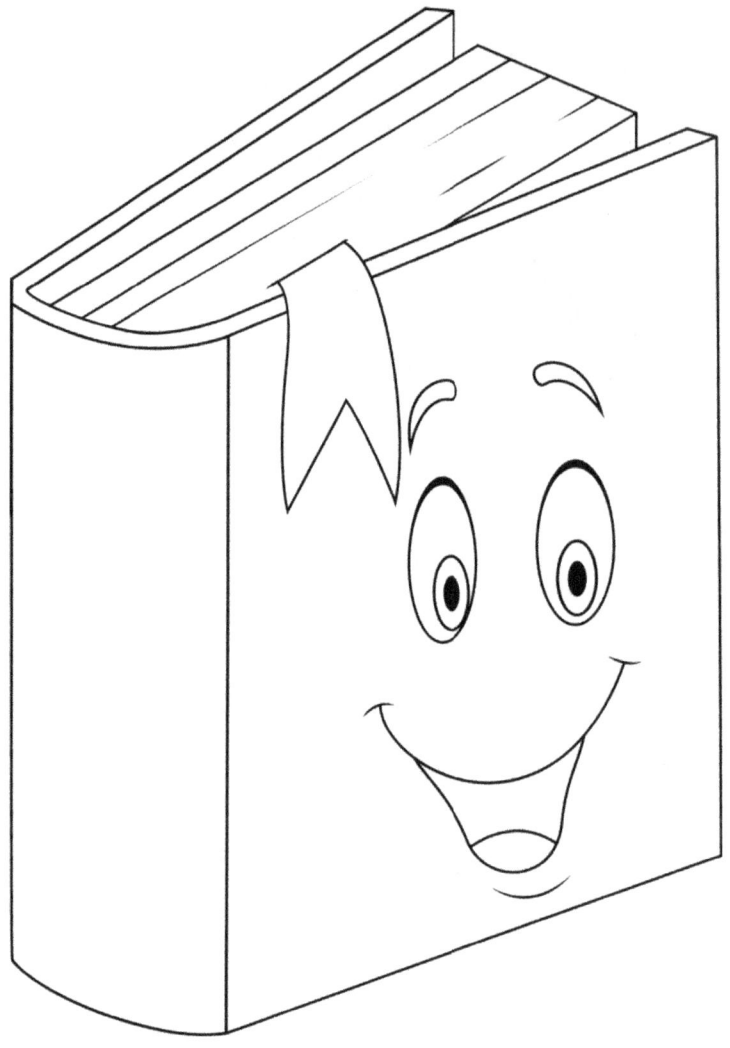

# Boek

*Boek*
_____

_____

# Auto

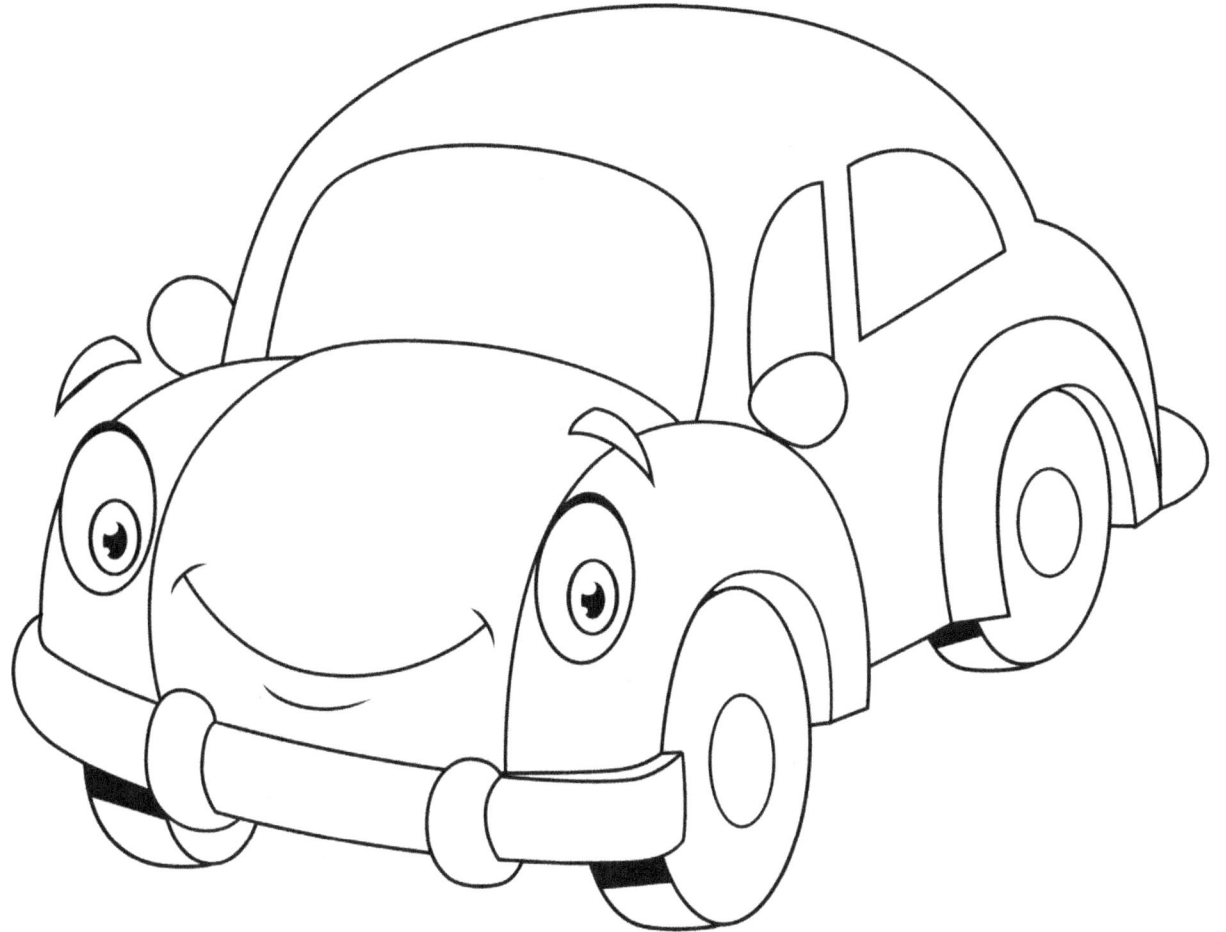

## Auto

Auto
___
___
___

# Katze

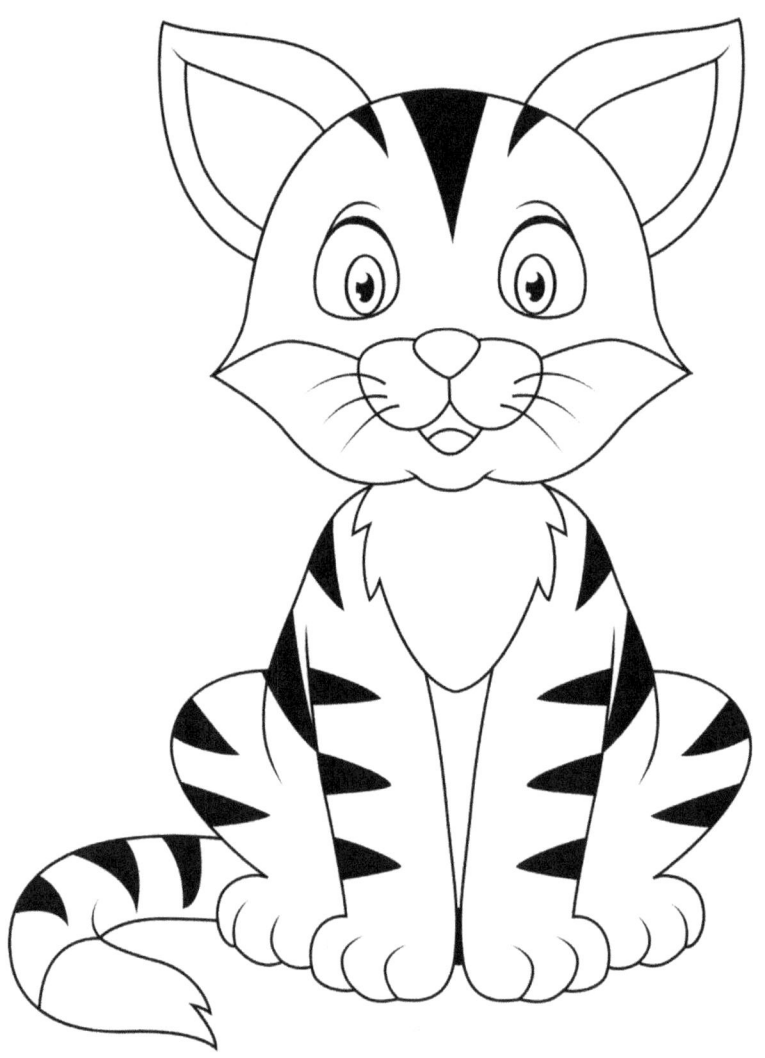

# Kat

*Kat*

# Bär

B_e_

# Buch

B__k

# Auto

_u_o

# Katze

K__

# Maïs

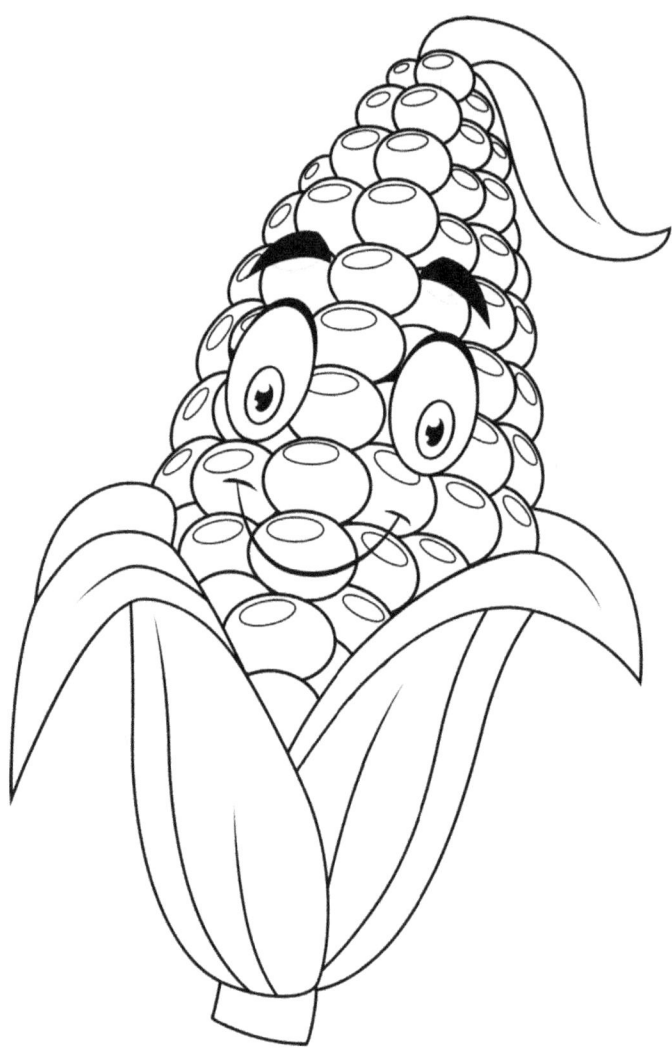

# Maïs

Maïs
_____
_____
_____

# Hund

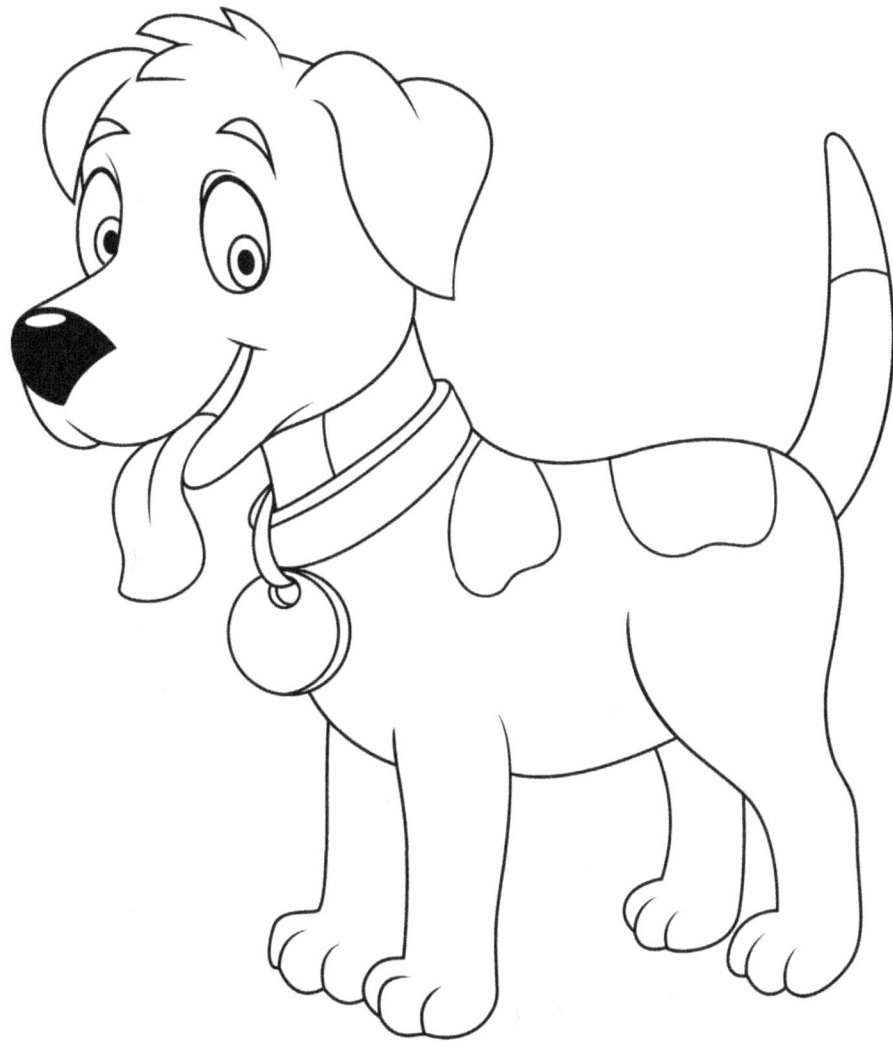

# Hond

*Hond*
_____

_____

_____

# Donut

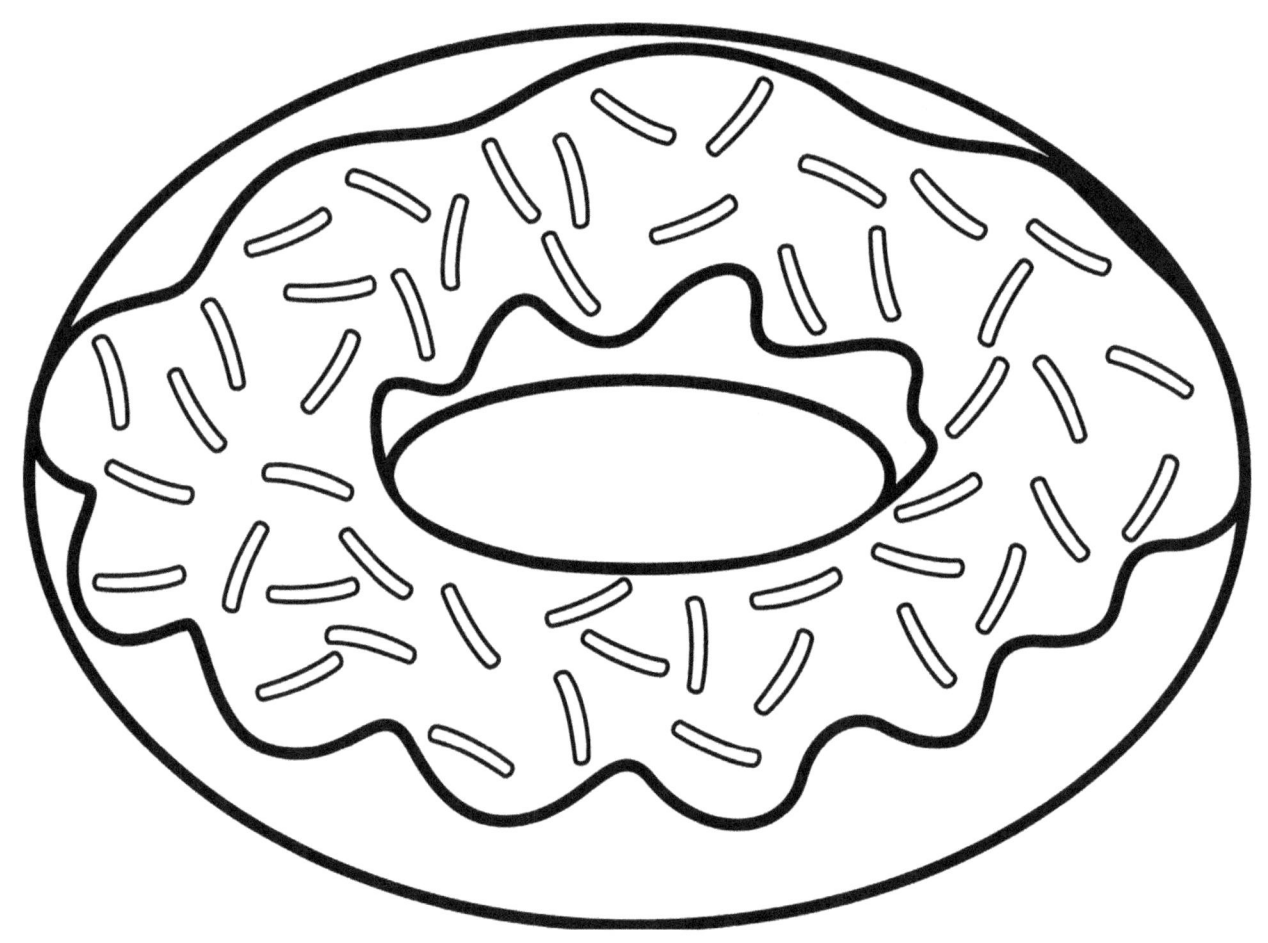

# Donut

*Donut*
_____

_____

# Trommel

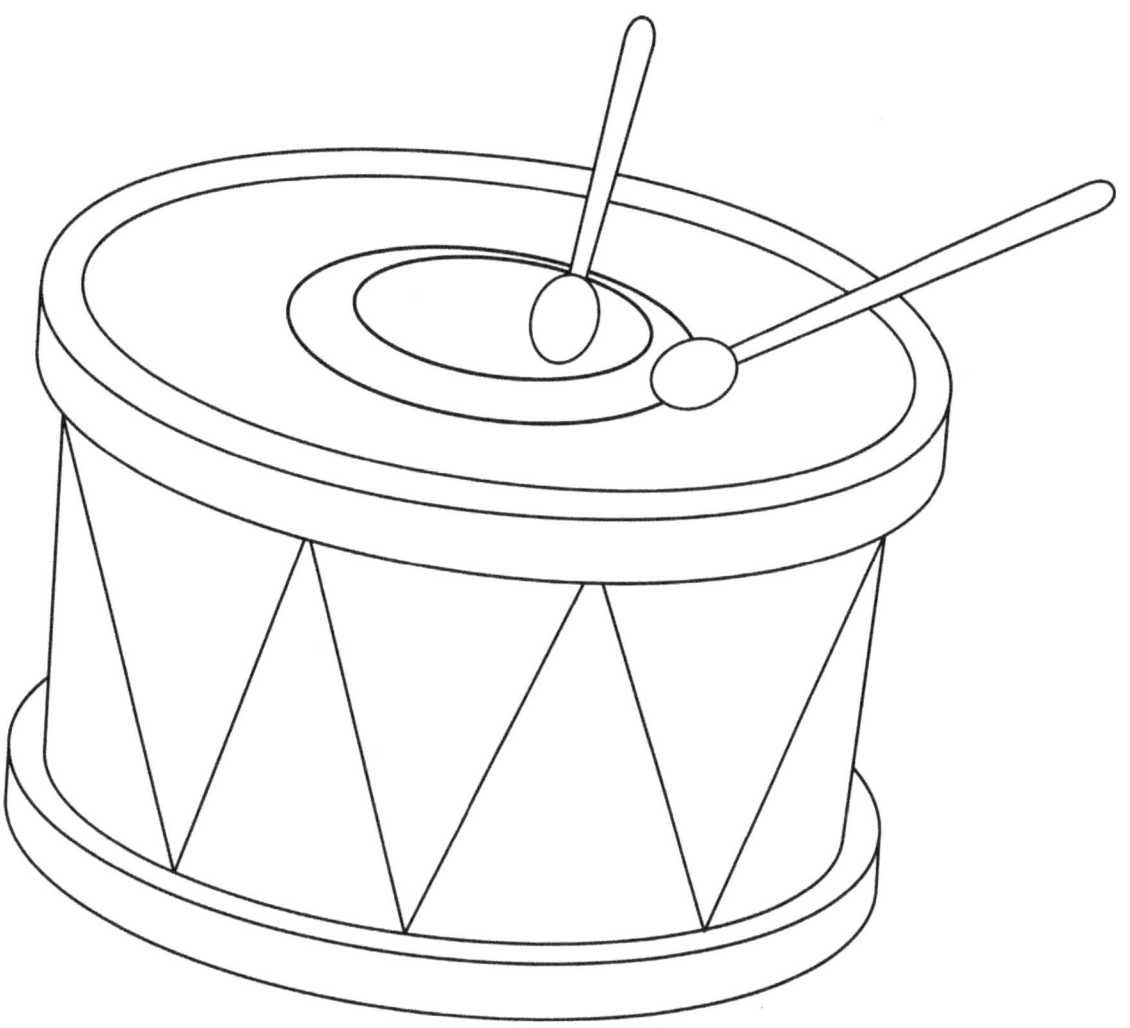

# Trommel

*Trommel*

**Mais**

M_is

**Hund**

H_nd

**Donut**

Do__t

**Trommel**

Tromm__

# Schnecke

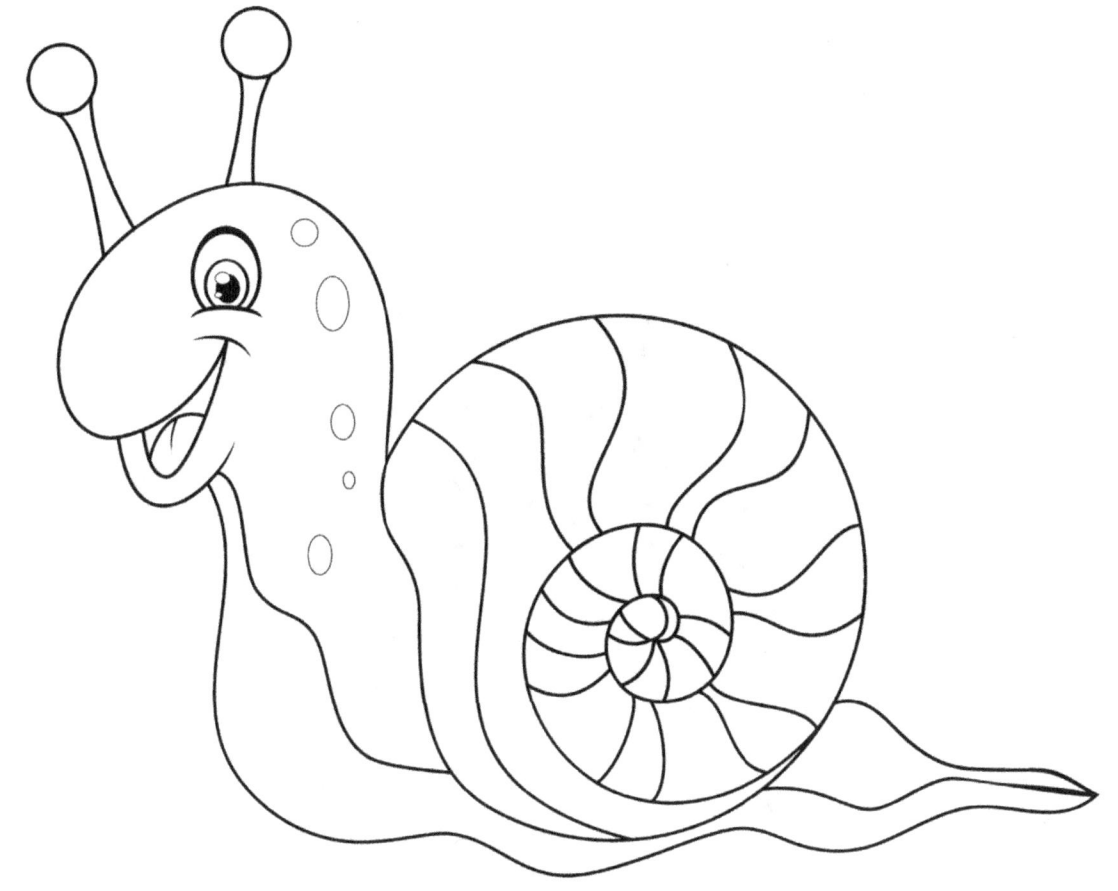

# Slak

*Slak*

# Zebra

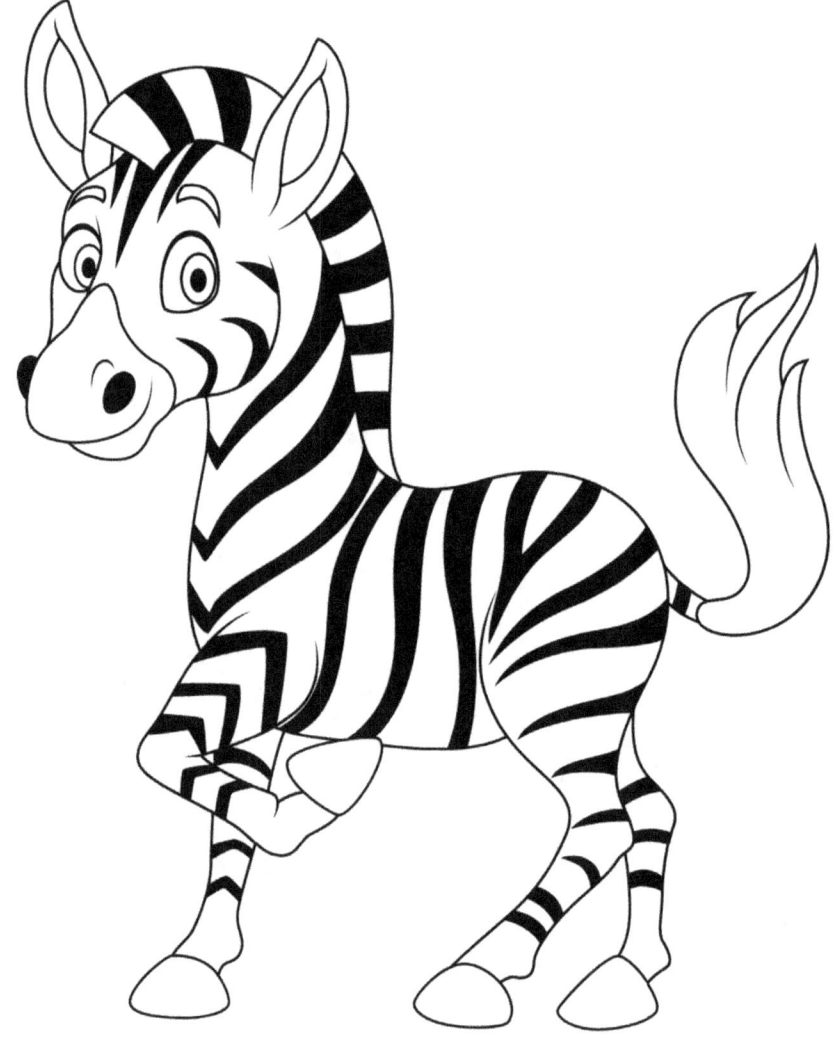

# Zebra

*Zebra*
_____

_____

_____

# Elefant

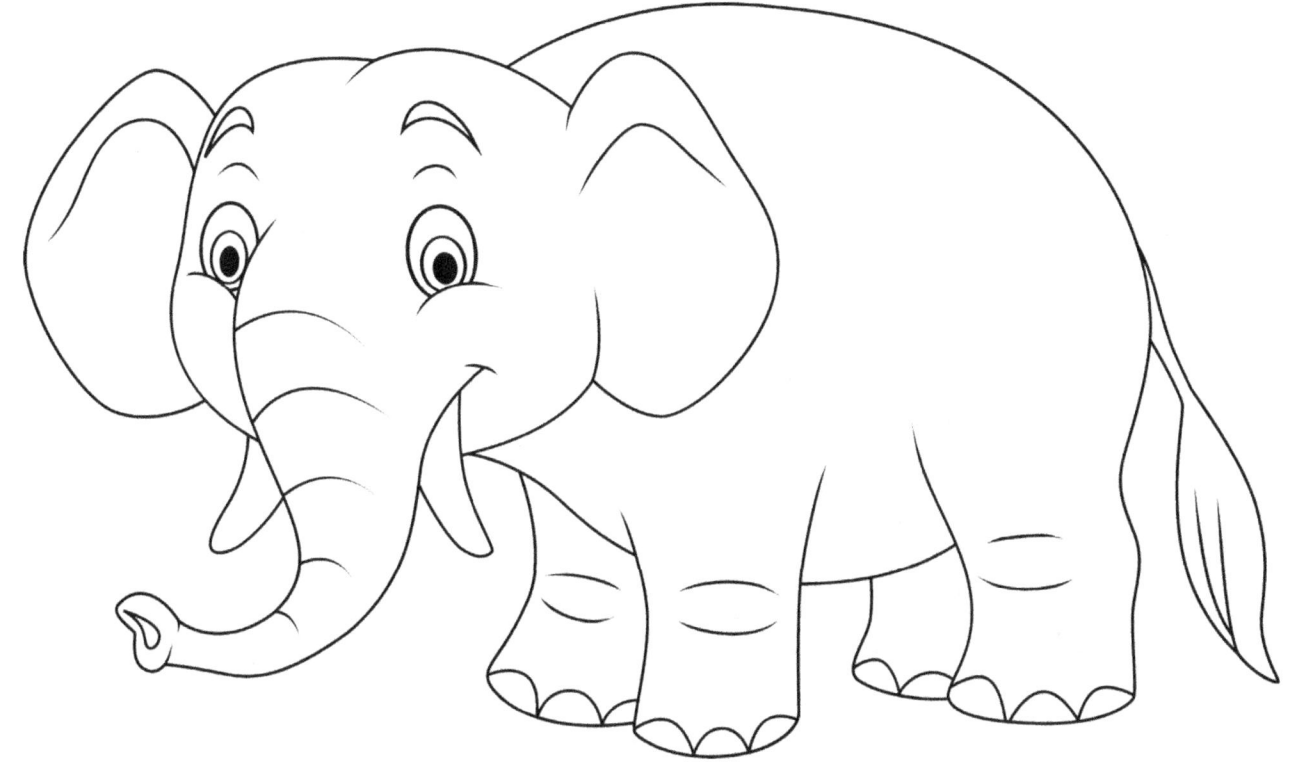

# Olifant

*Olifant*

# Fisch

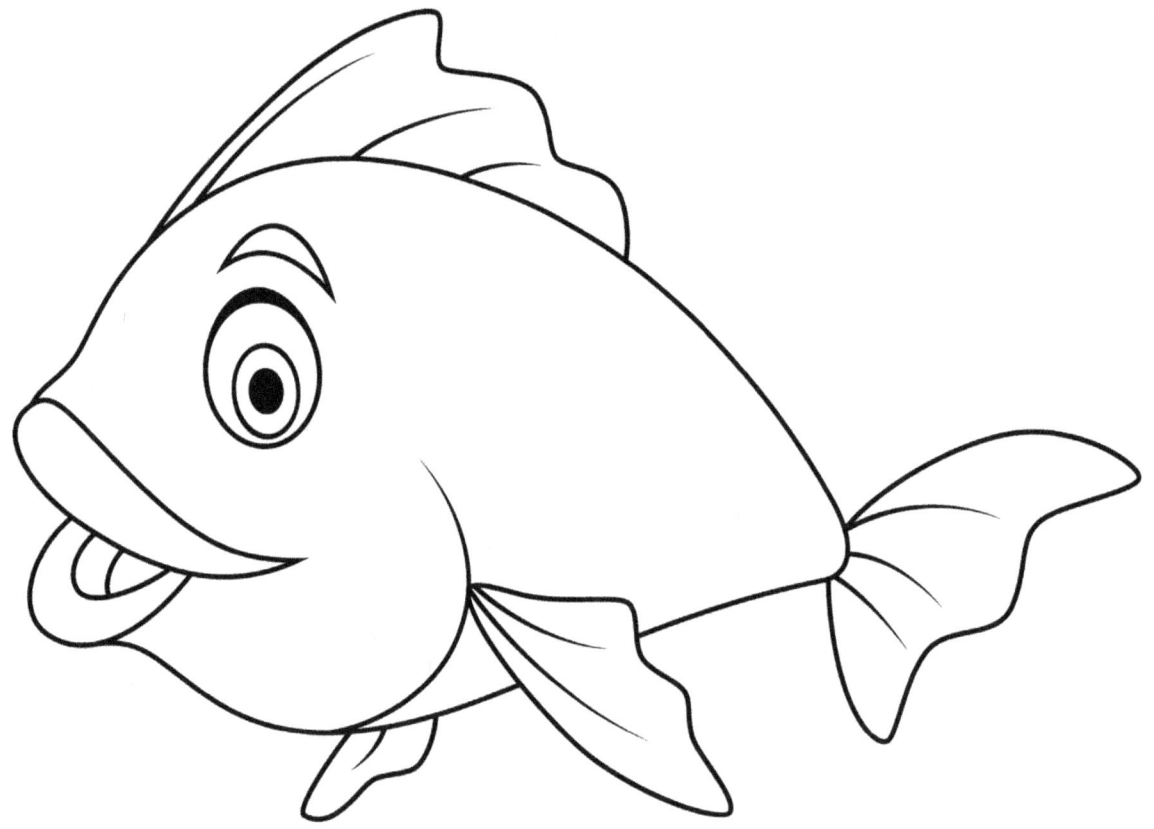

## Vis

*Vis*
_____
_____
_____

# Schnecke

S _ _ k

# Zebra

_ ebr _

# Elefant

O _ i _ ant

# Fisch

Vi _

# Blume

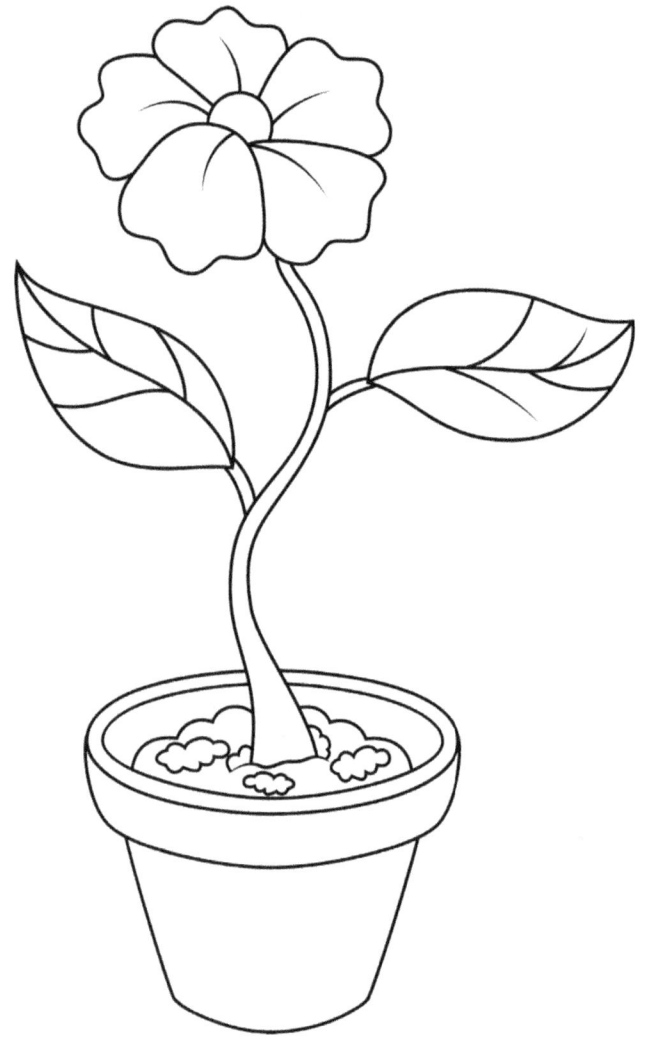

# Bloem

*Bloem*
_____

_____

_____

# Fuchs

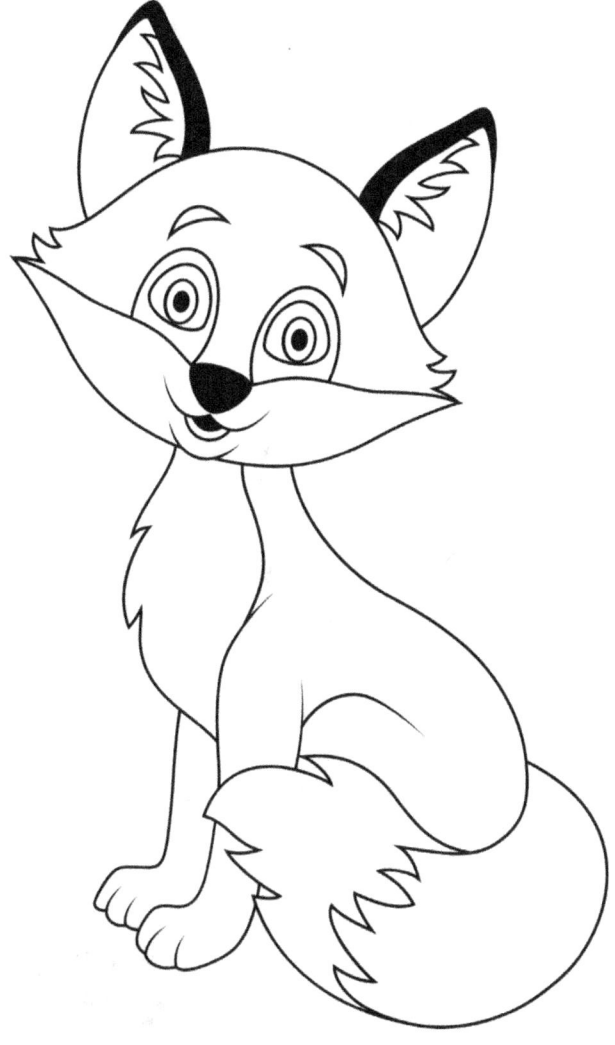

# Vos

*Vos*

# Giraffe

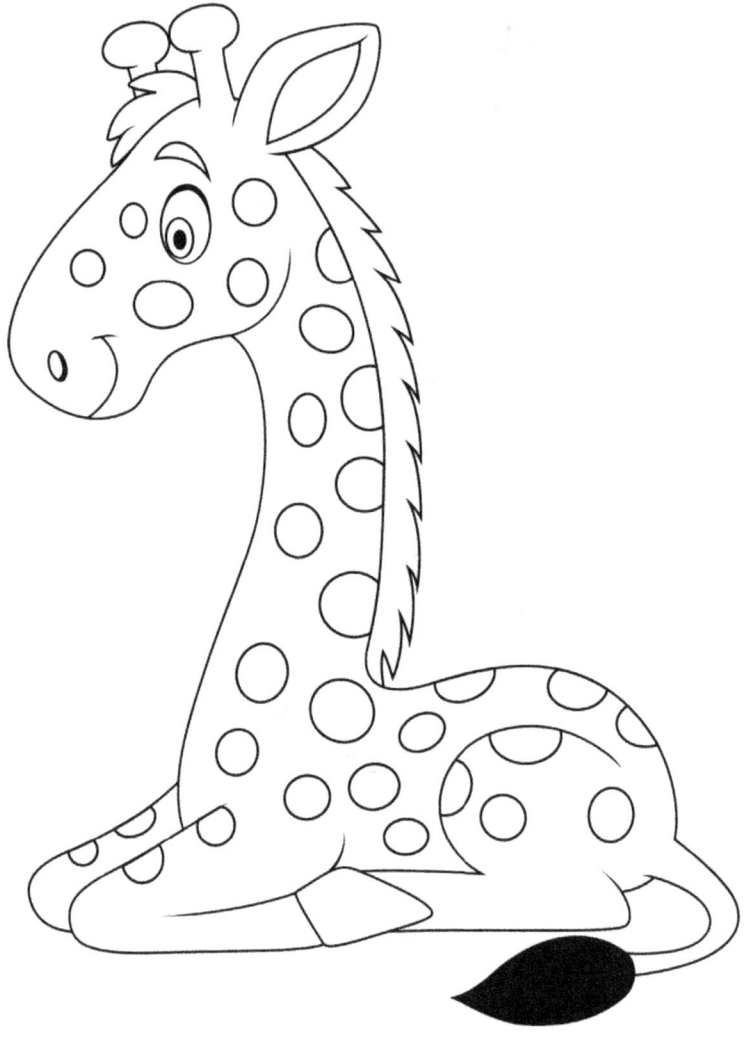

# Giraf

*Giraf*
_____

_____

_____

# Brille

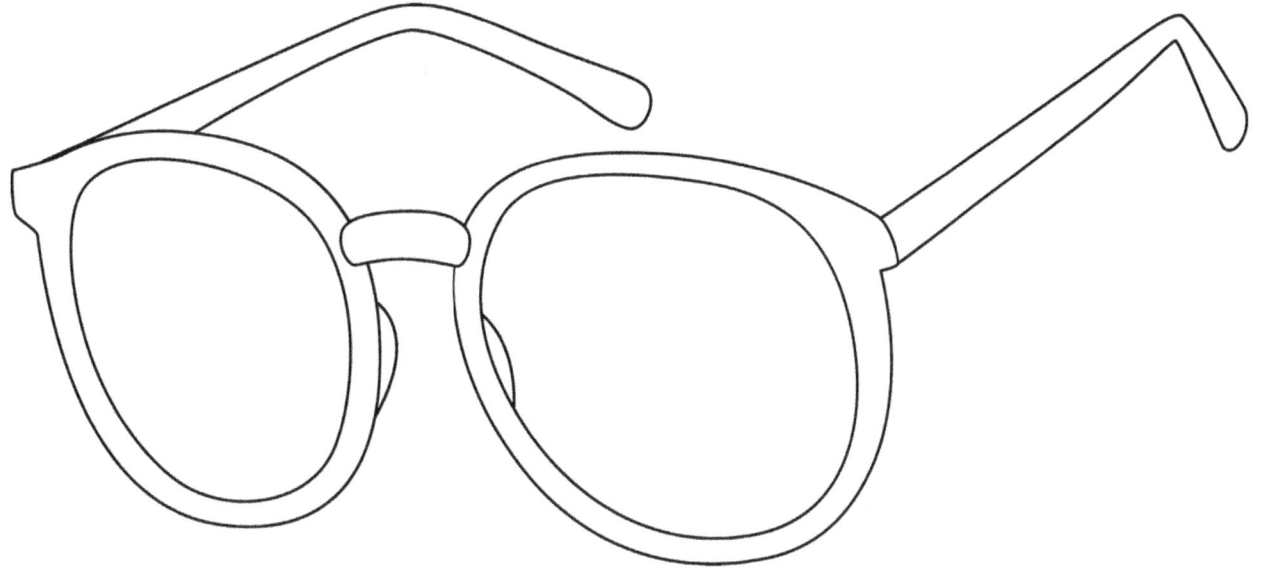

# Bril

*Bril*

# Blume

Blo__

# Fuchs

Vo_

# Giraffe

_i_af

# Brille

_r_l

# Weintrauben

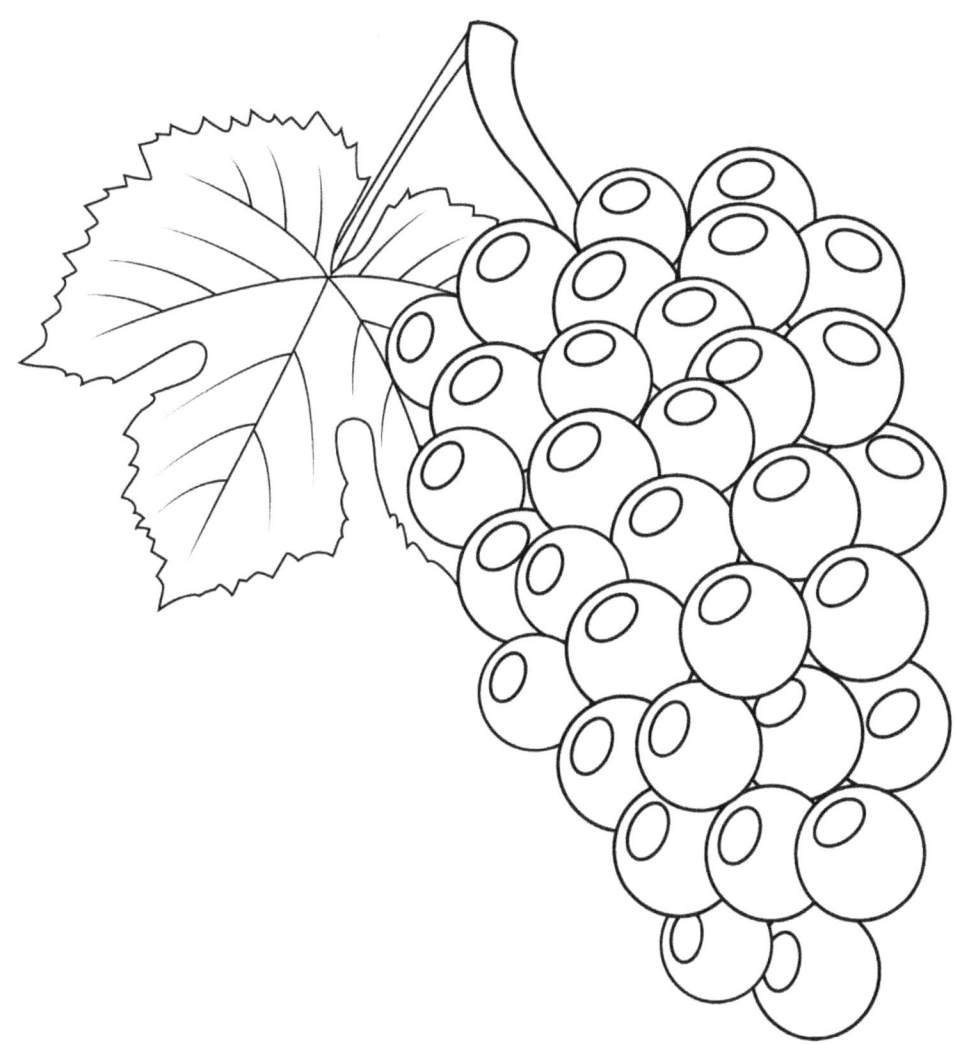

# Druif

*Druif*

# Hamburger

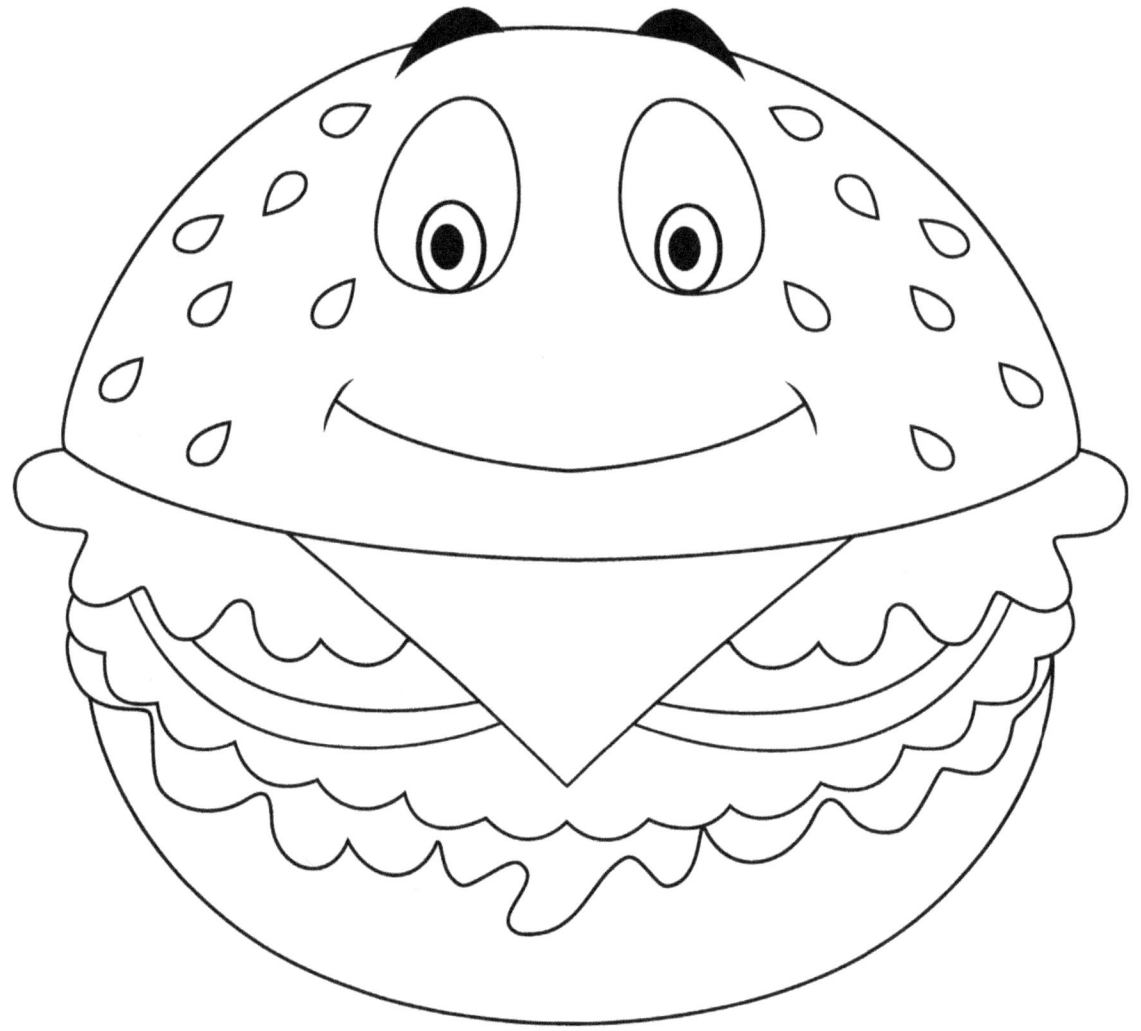

# Hamburger

*Hamburger*

# Flusspferd

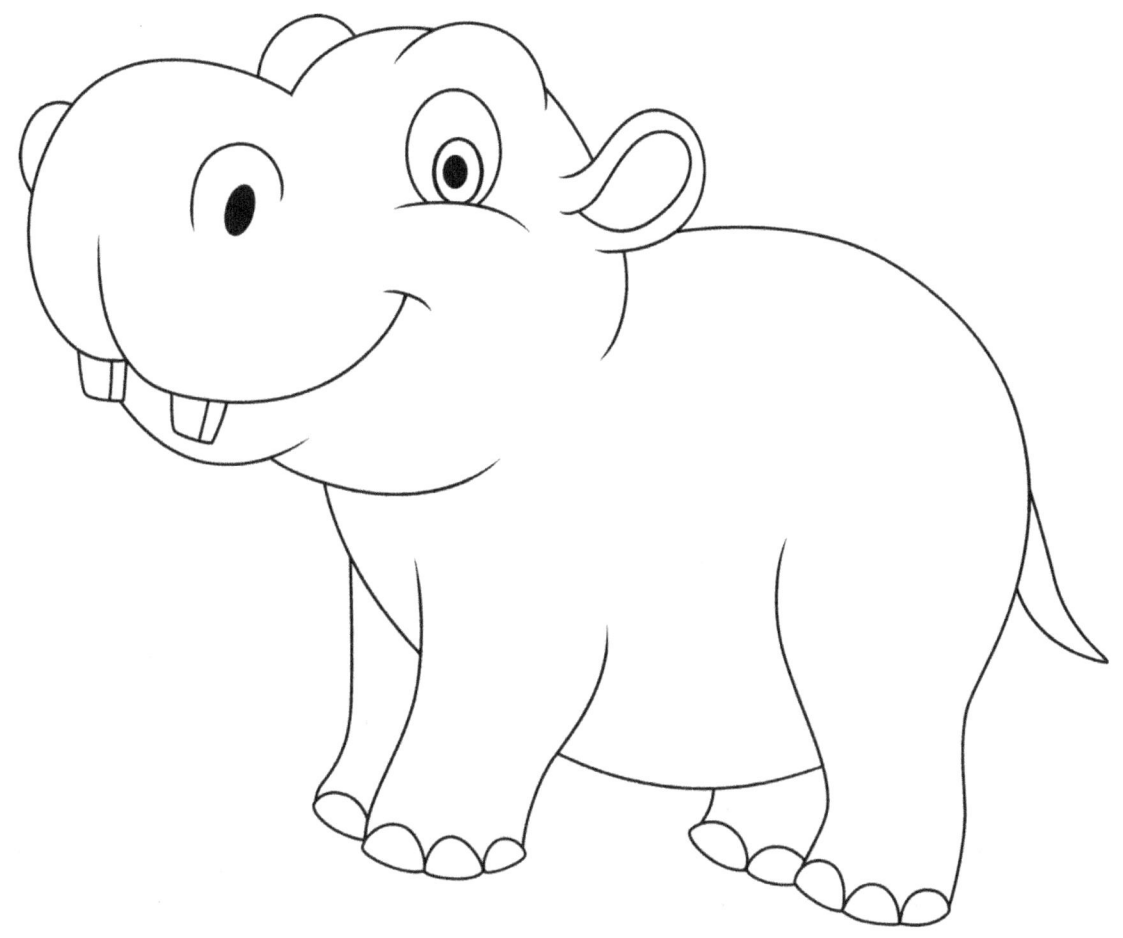

# Nijlpaard

*Nijlpaard*

# Haus

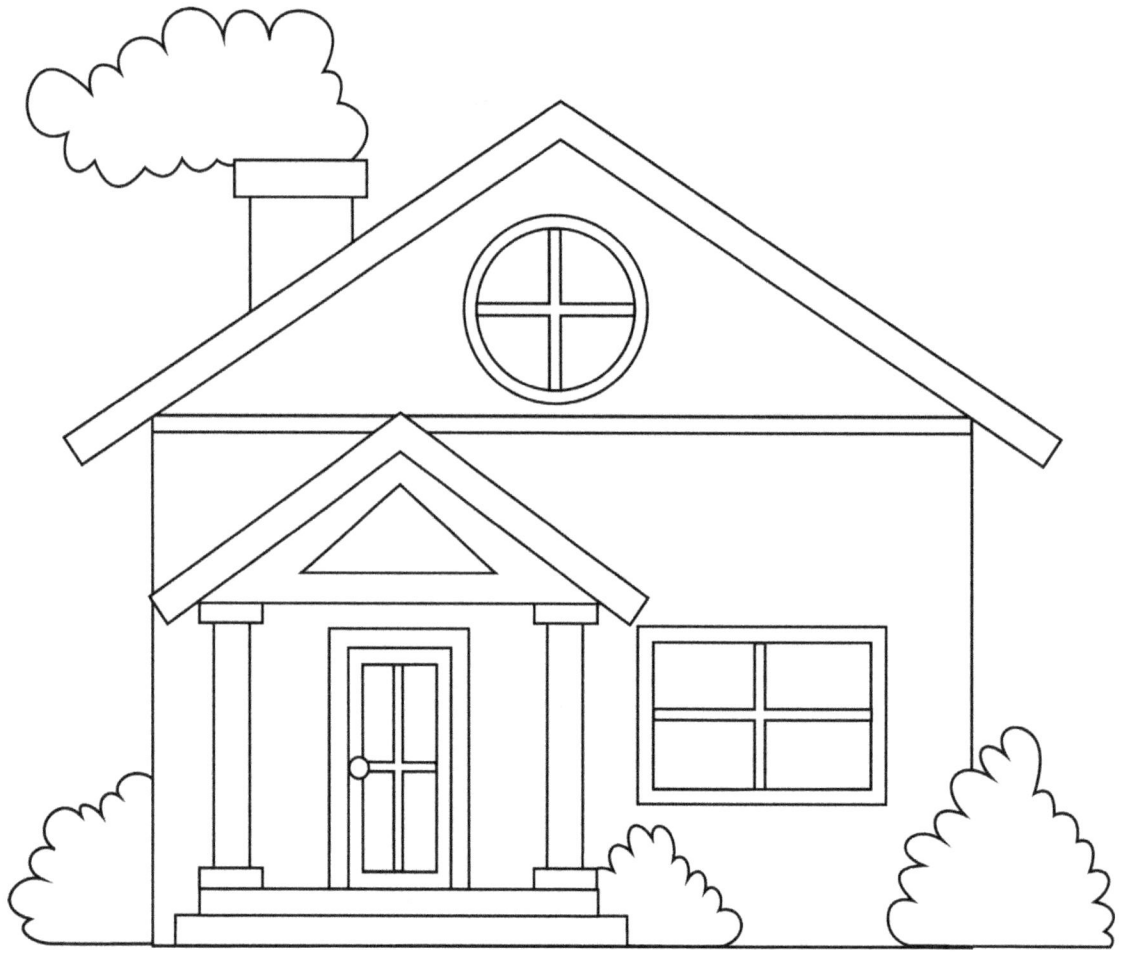

# Huis

*Huis*

| Weintrauben | D_ui_ |
| Hamburger | Hamburg__ |
| Flusspferd | N_jlpaard |
| Haus | __is |

# Eiscreme

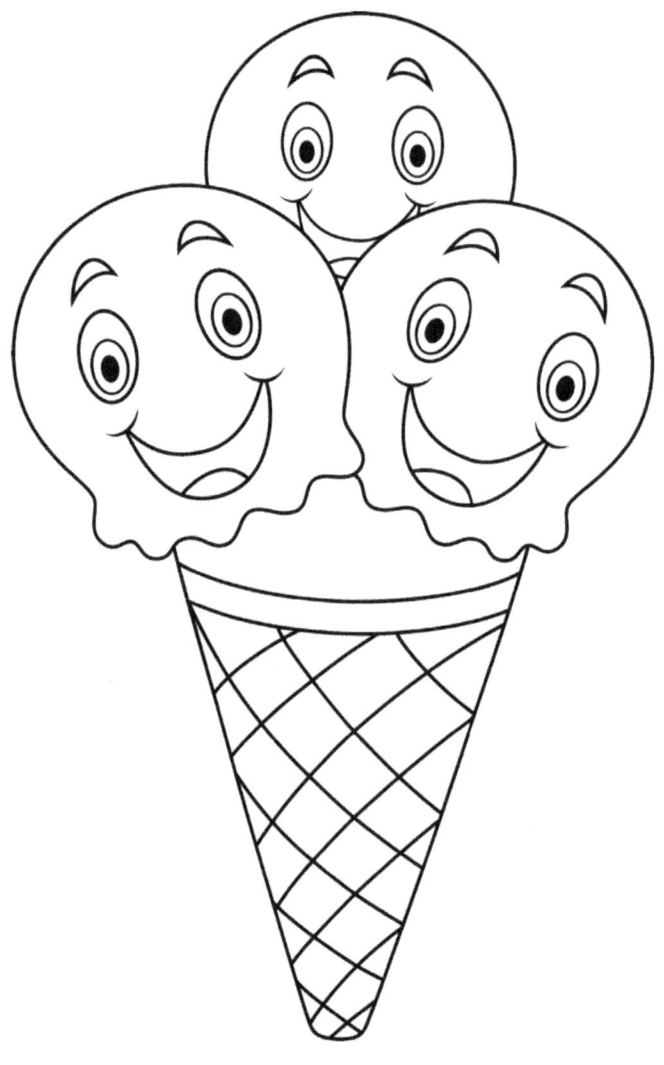

Ijs

*Ijs*
_____

_____

_____

# Leguan

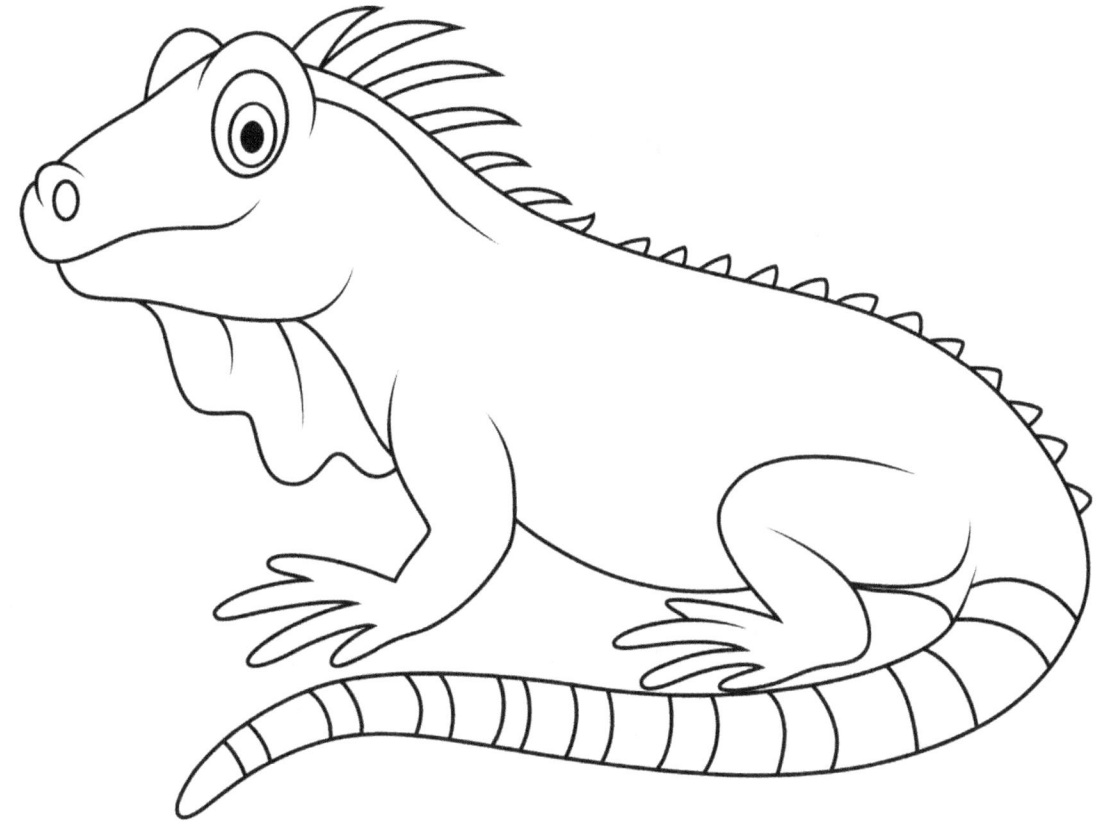

# Leguaan

*Leguaan*
_____

_____

_____

# Ente

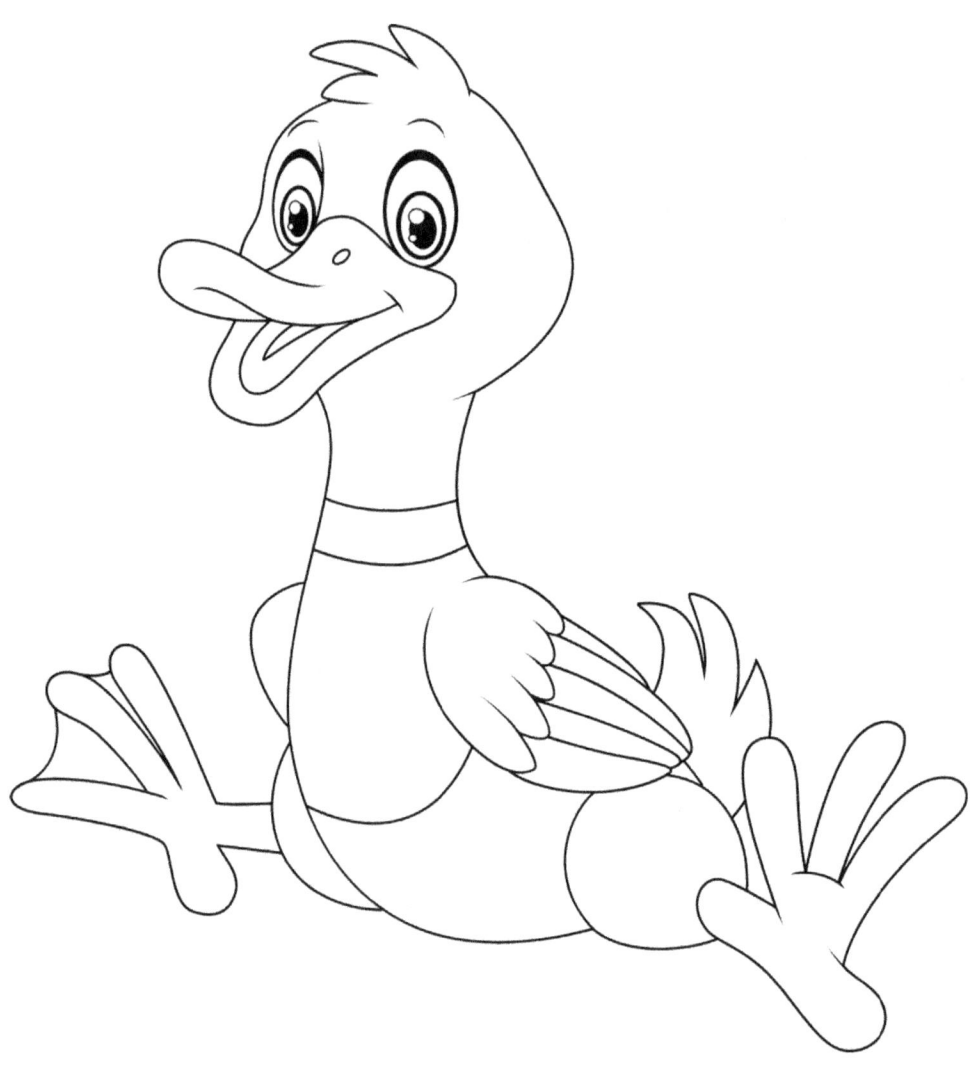

# Eend

*Eend*

# Jaguar

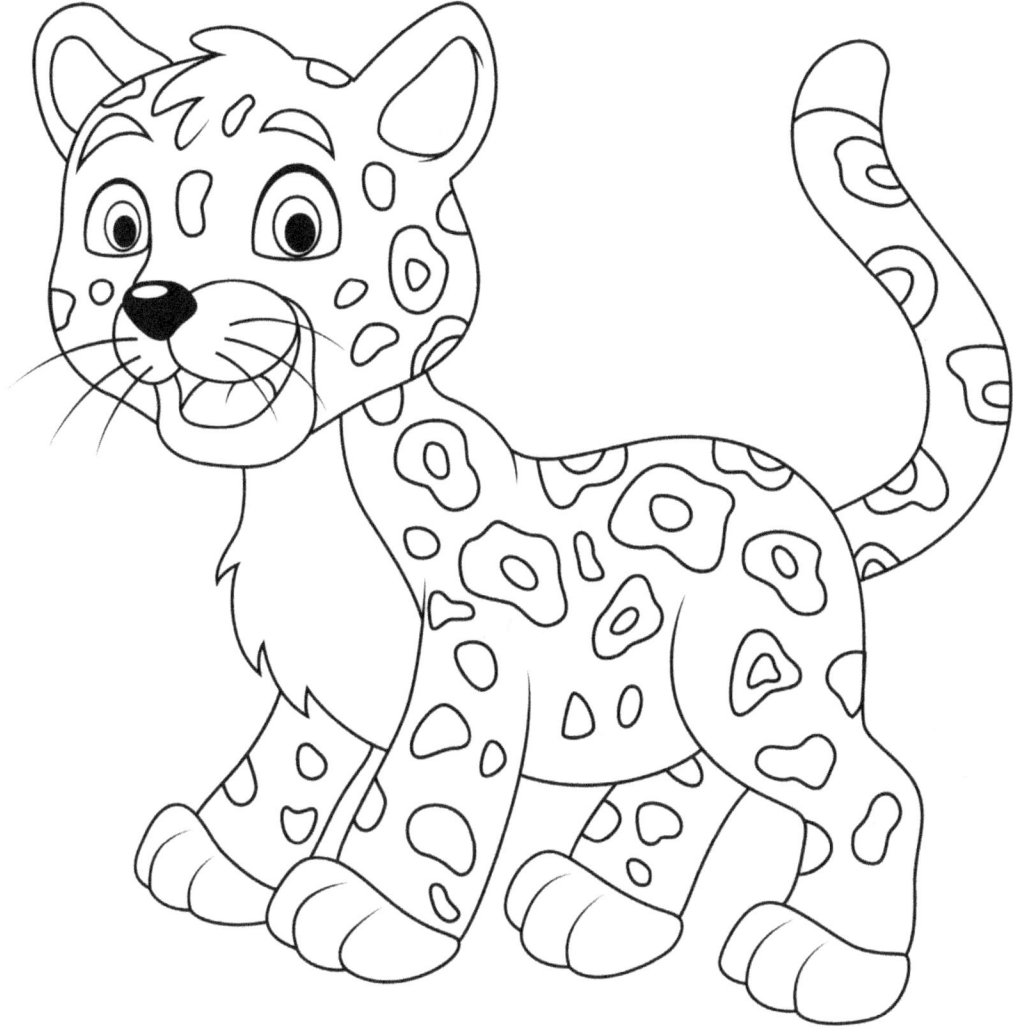

# Jaguar

*Jaguar*

# Eiscreme

I__

# Leguan

Legu_a_

# Ente

E_n_

# Jaguar

Ja_ua_

# Marmelade

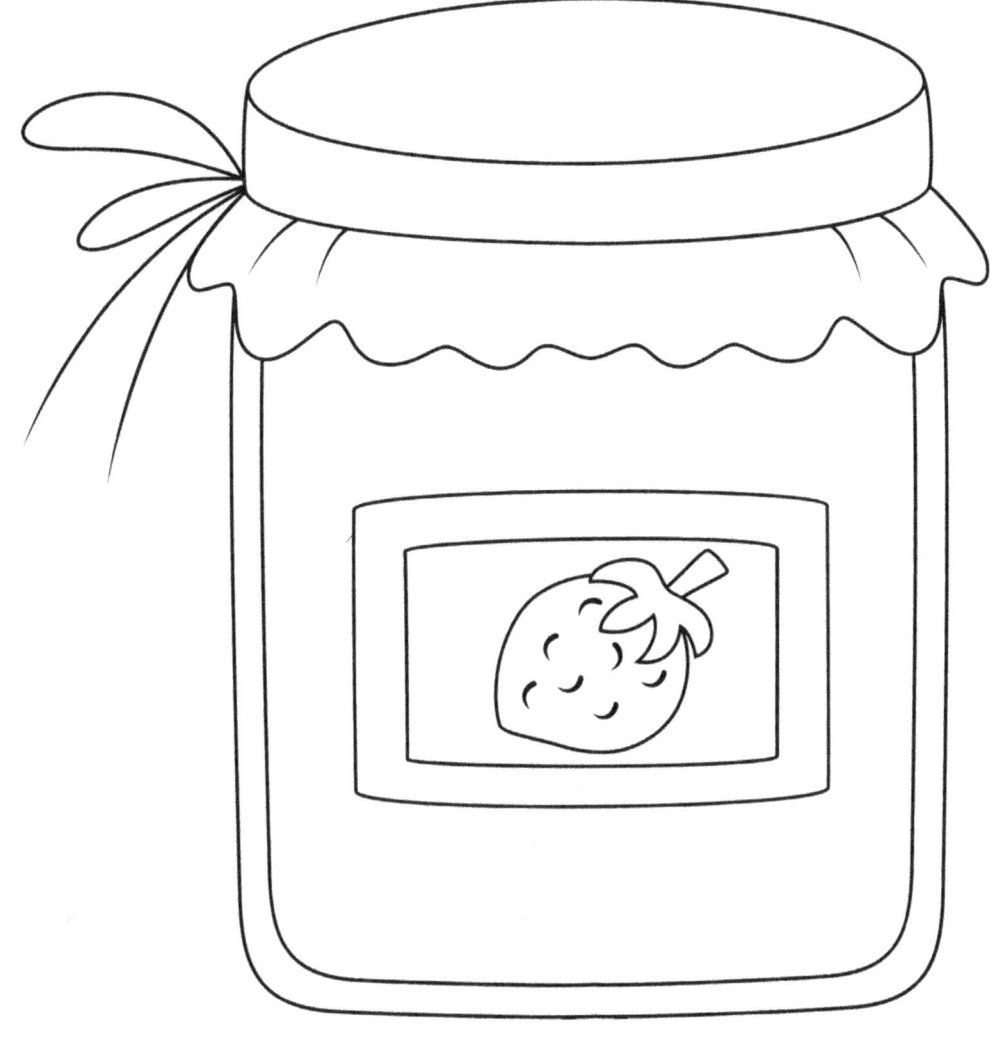

# Jam

*Jam*

# Qualle

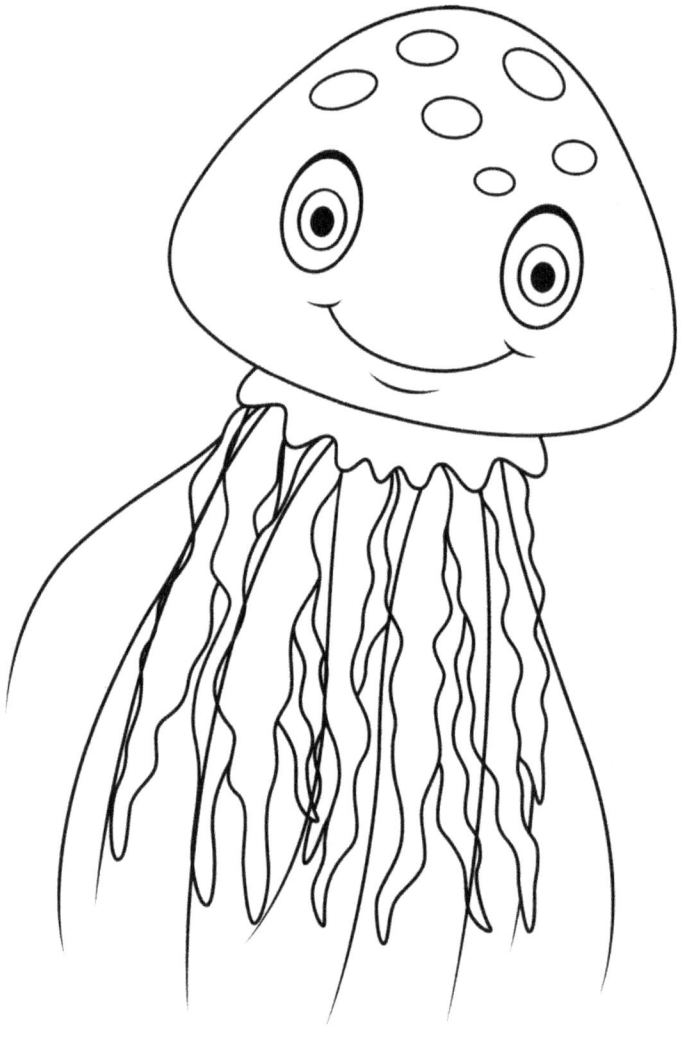

# Kwal

*Kwal*

# Zeppelin

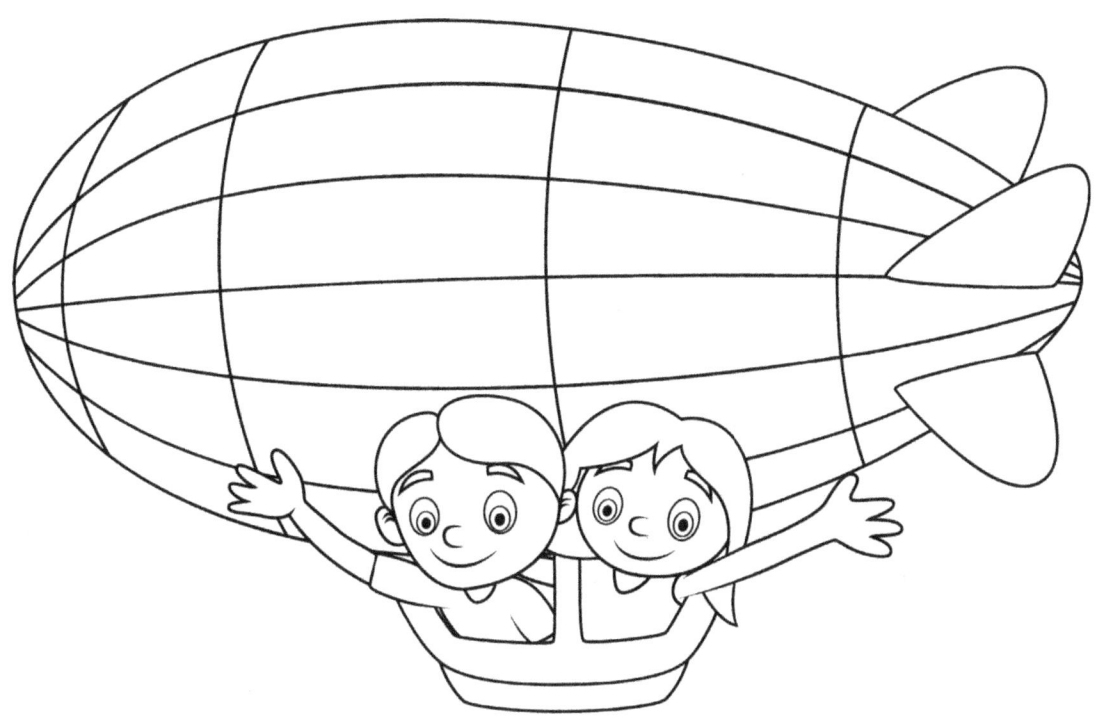

# Zeppelin

*Zeppelin*

# Kiwi

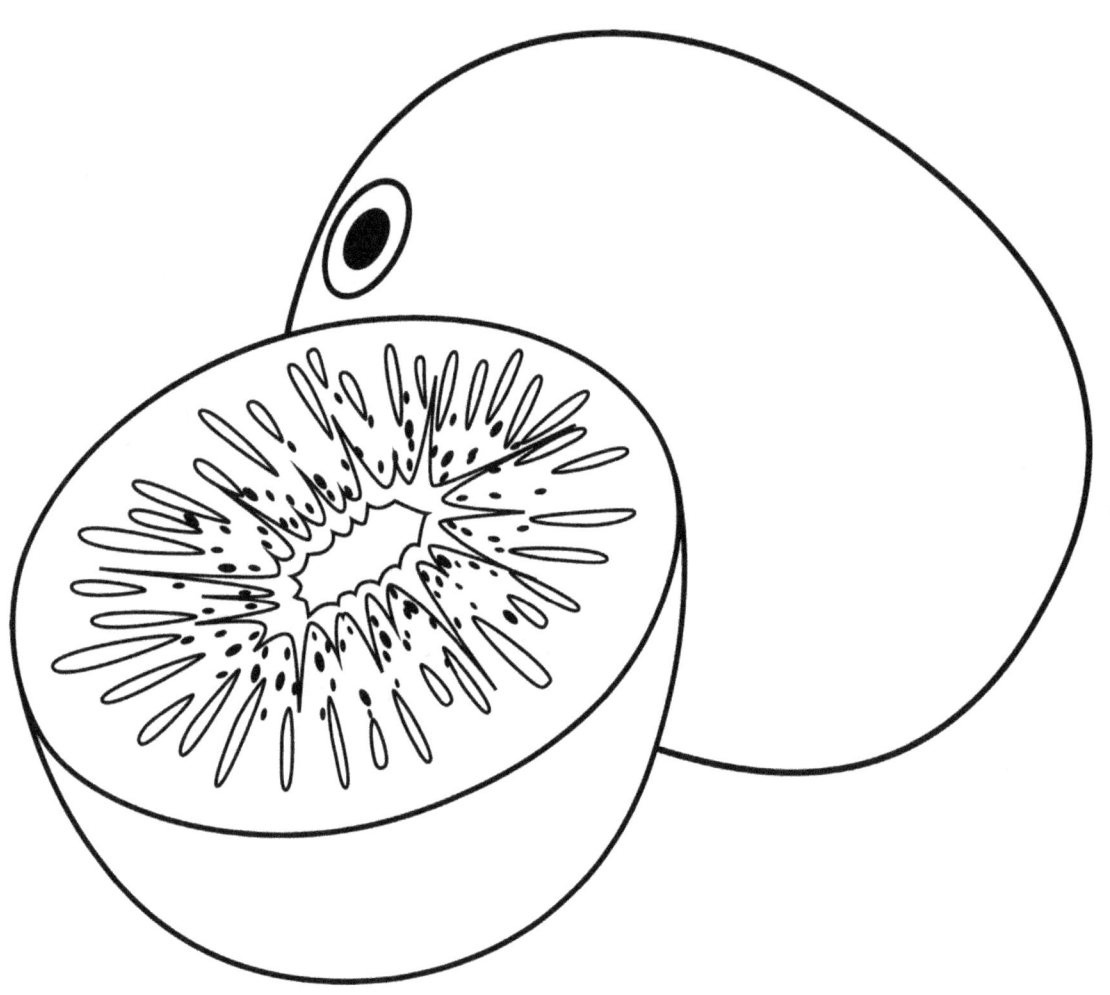

# Kiwi

*Kiwi*
_____
_____
_____

# Marmelade

_am

# Qualle

_w_l

# Zeppelin

Zepp__in

# Kiwi

K_wi

# Erdbeere

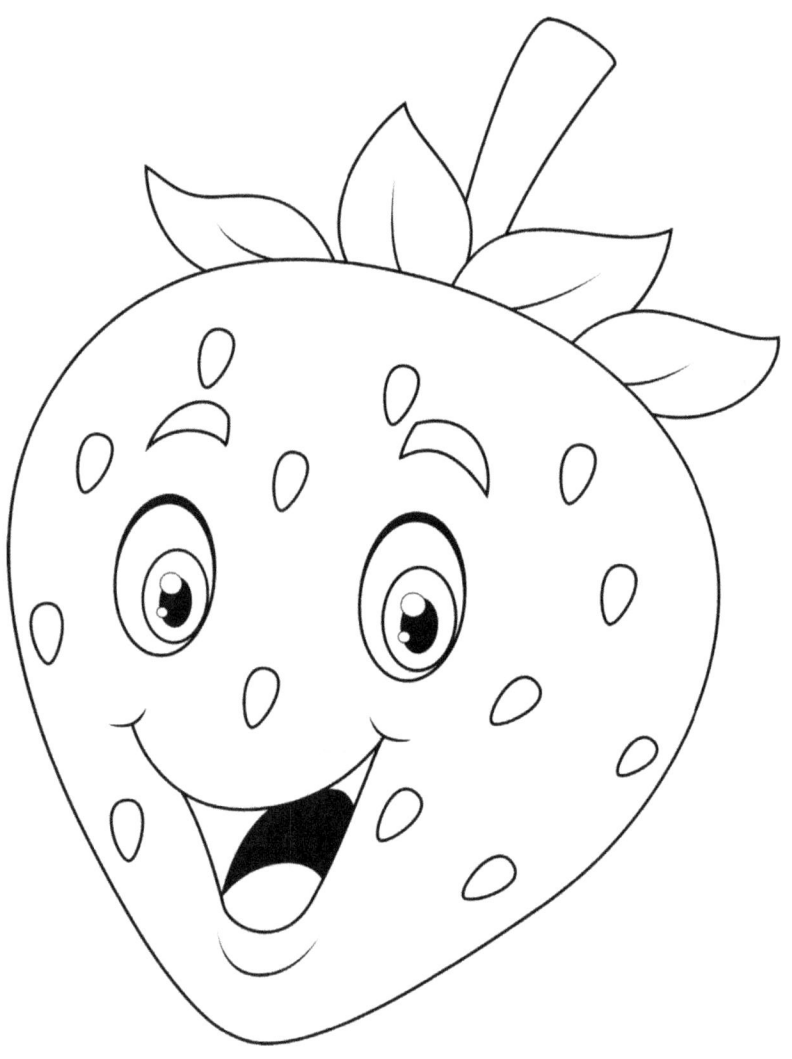

# Aardbei

*Aardbei*
_____

_____

_____

# Blätter

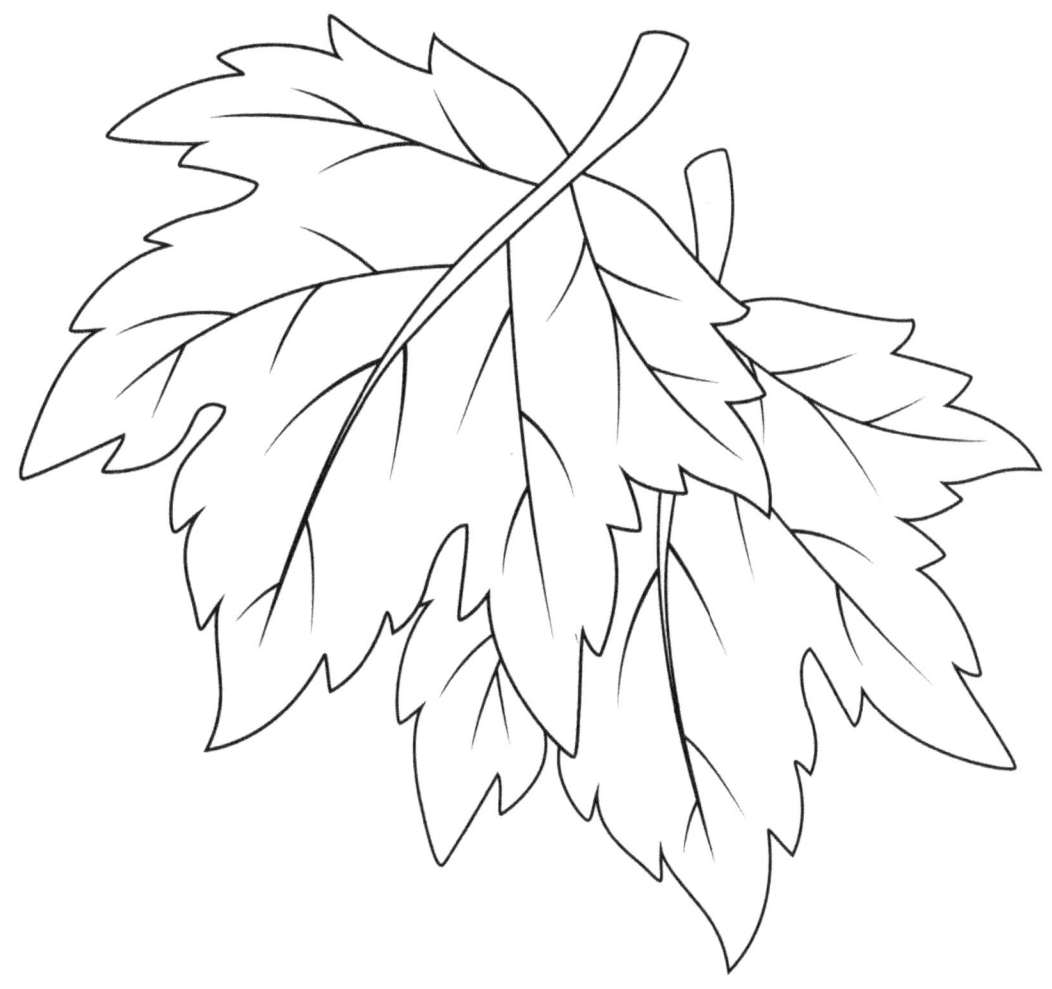

# Bladeren

*Bladeren*

# Lampe

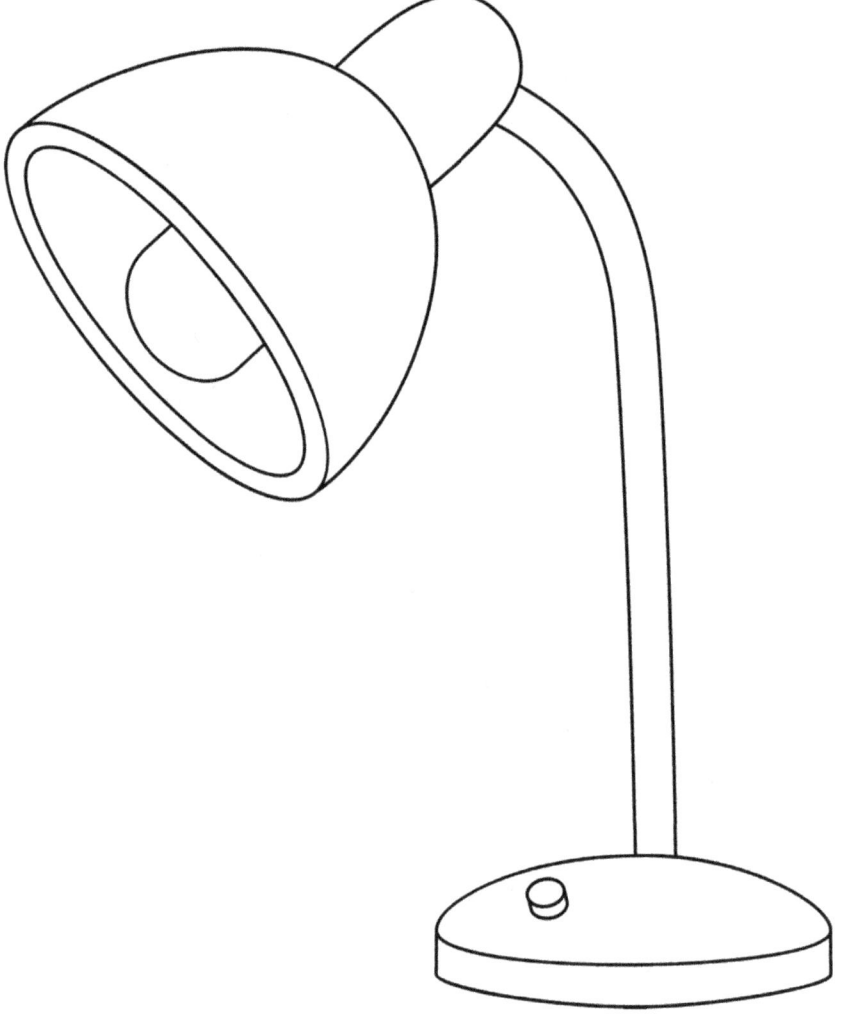

# Lamp

*Lamp*

# Löwe

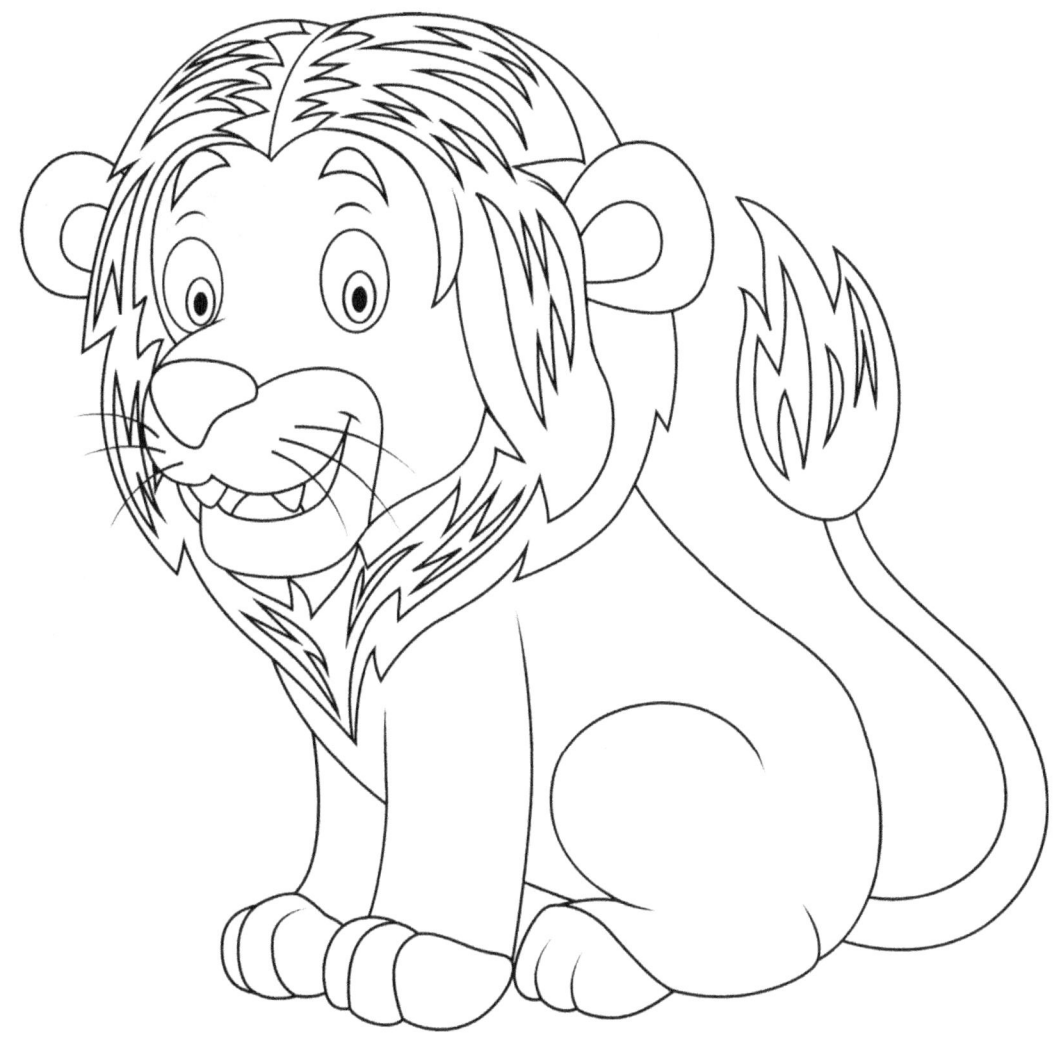

# Leeuw

*Leeuw*

# Erdbeere

_ardbei

# Blätter

Bl_d_ren

# Lampe

_am_

# Löwe

_eeu_

# Affe

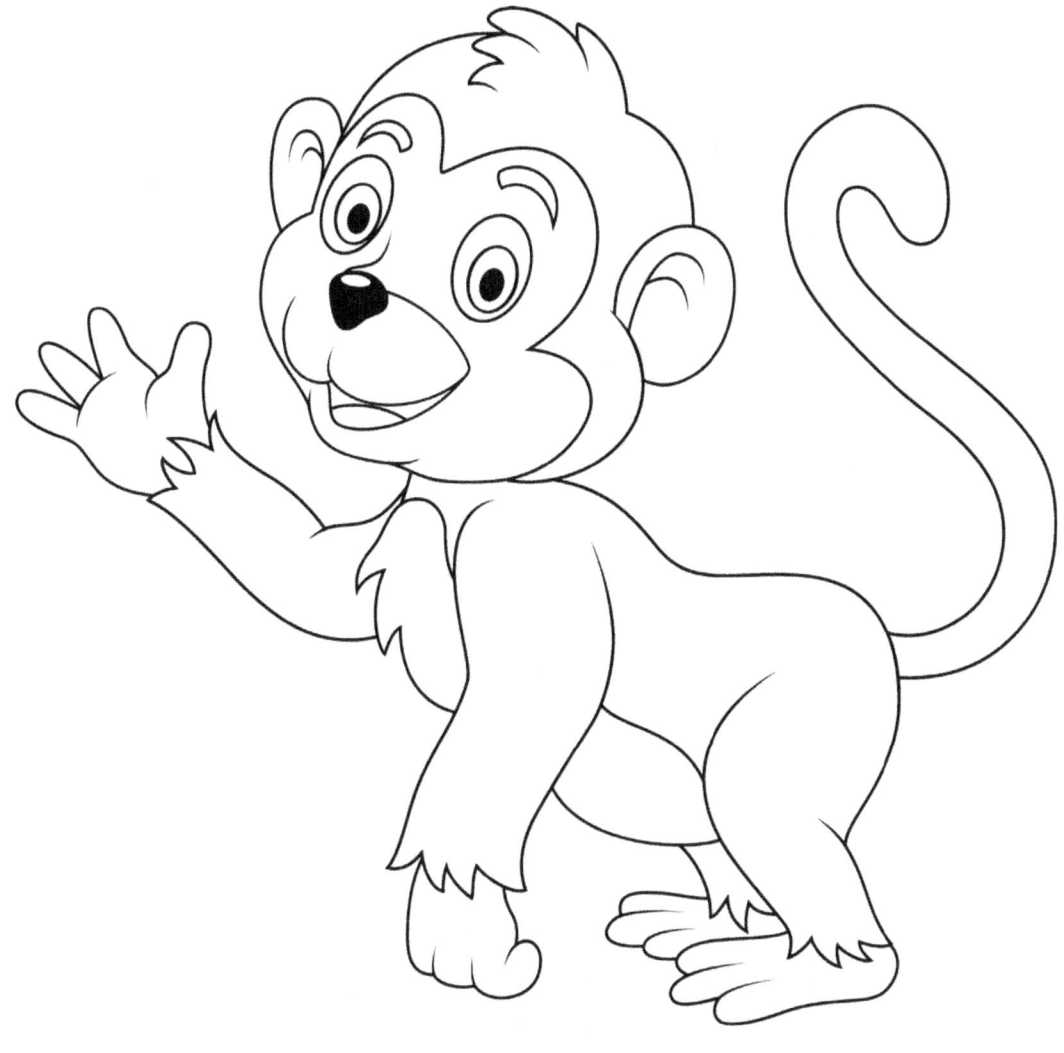

# Aap

*Aap*
_____

_____

_____

# Maus

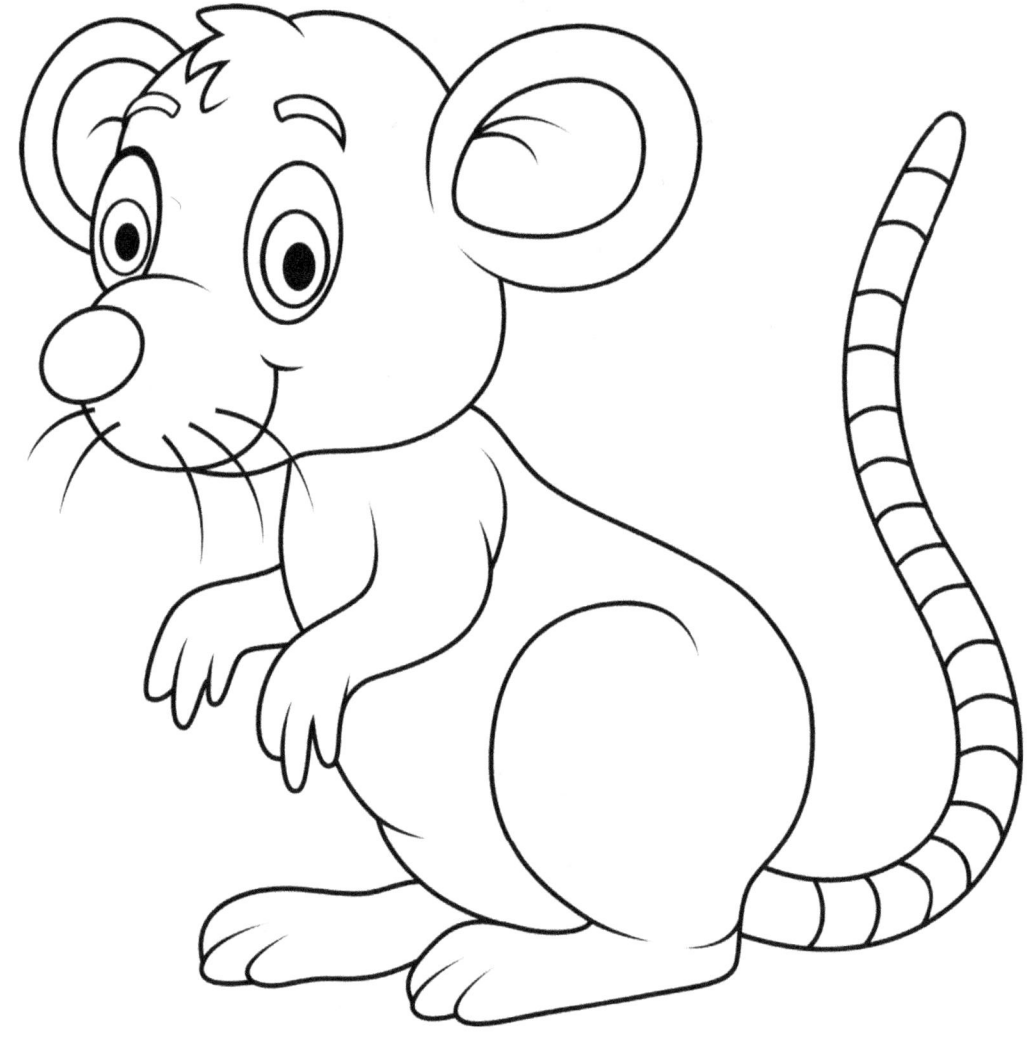

# Muis

*Muis*
_____
_____
_____

# Fliegenpilz

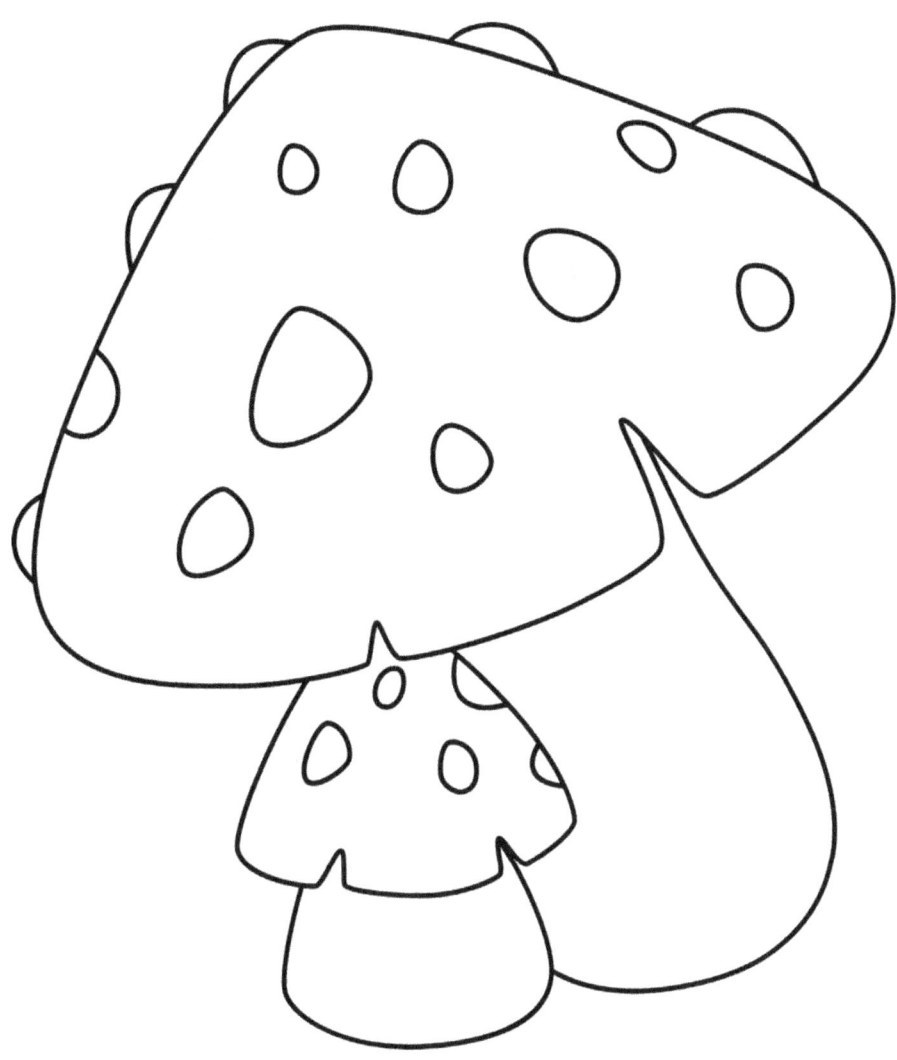

# Vliegenzwam

*Vliegenzwam*

# Nagel

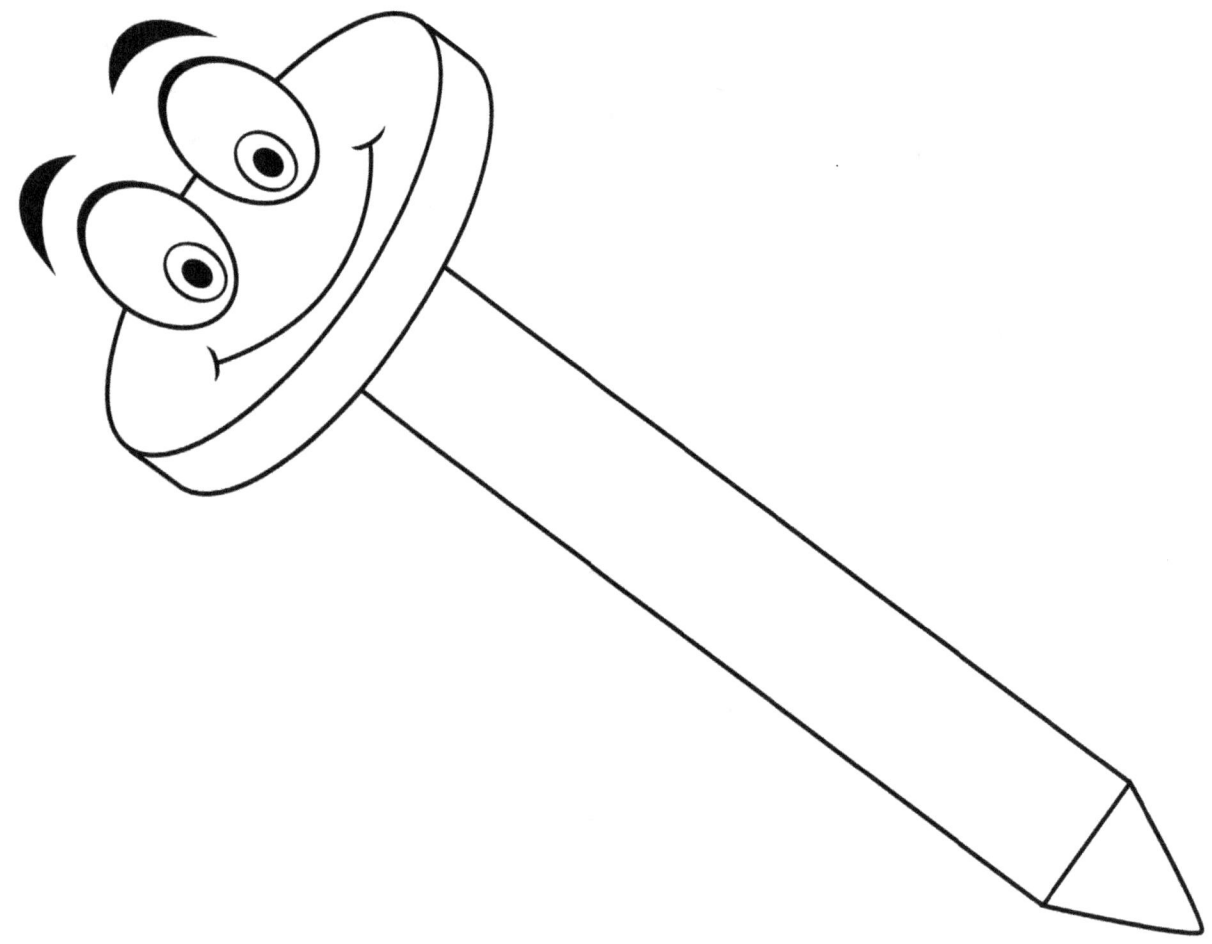

# Spijker

*Spijker*
_____
_____
_____

# Affe

A_ _

# Maus

M_i_

# Fliegenpilz

Vlieg_nzwa_

# Nagel

_pijke_

# Pferd

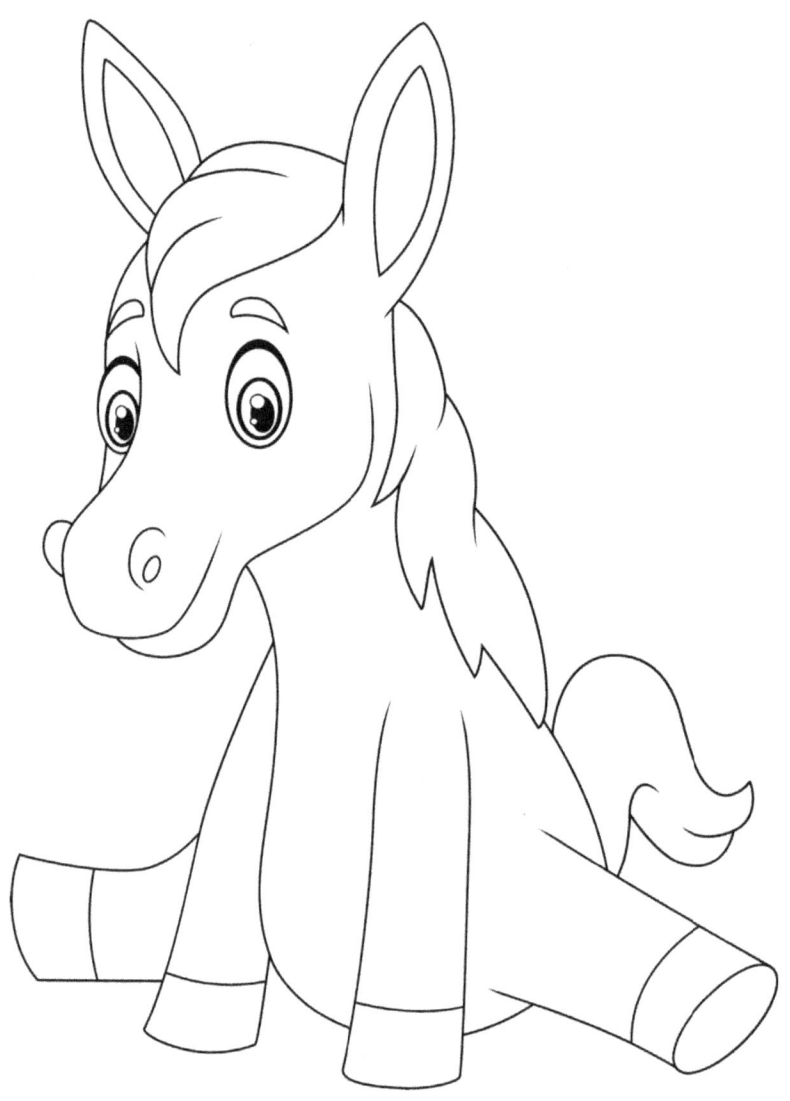

# Paard

*Paard*
_____

_____

_____

# Nuss

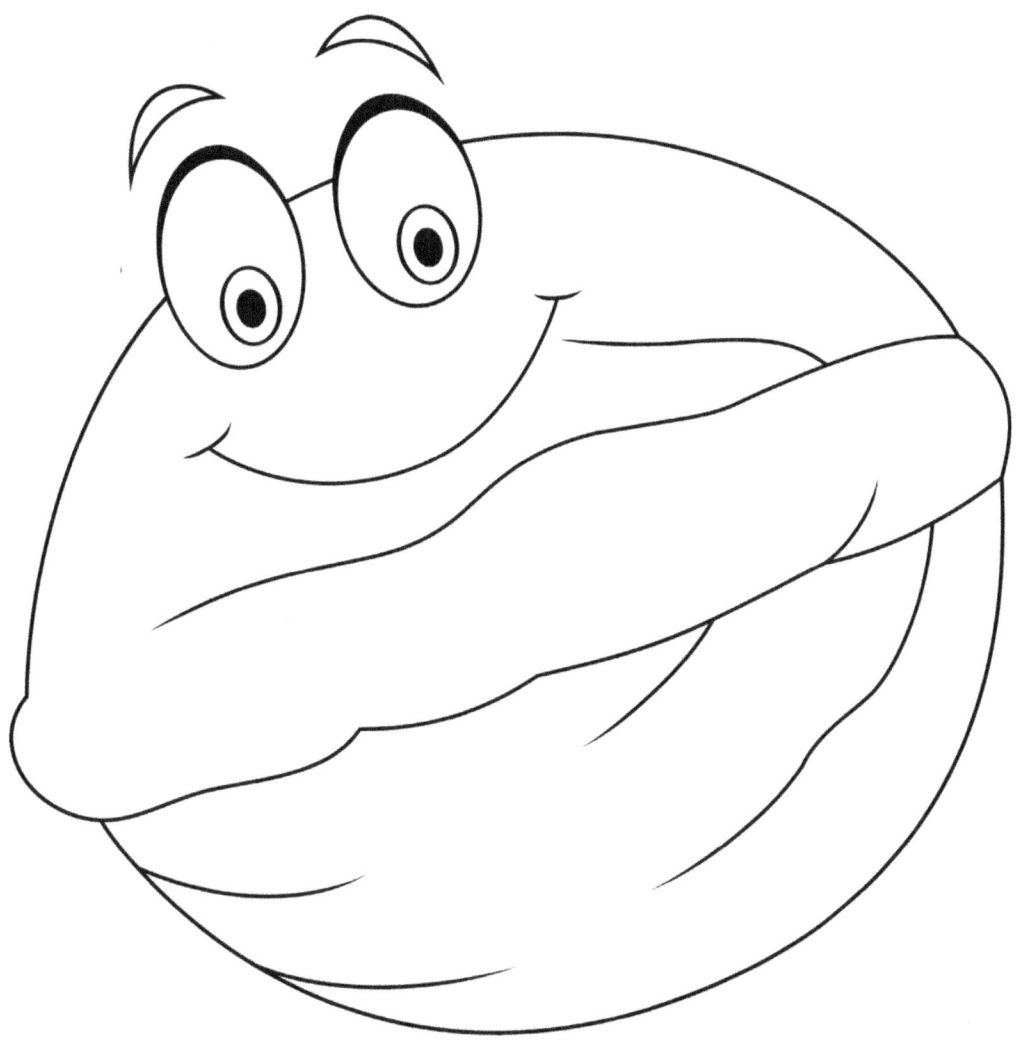

# Noot

*Noot*

# Krake

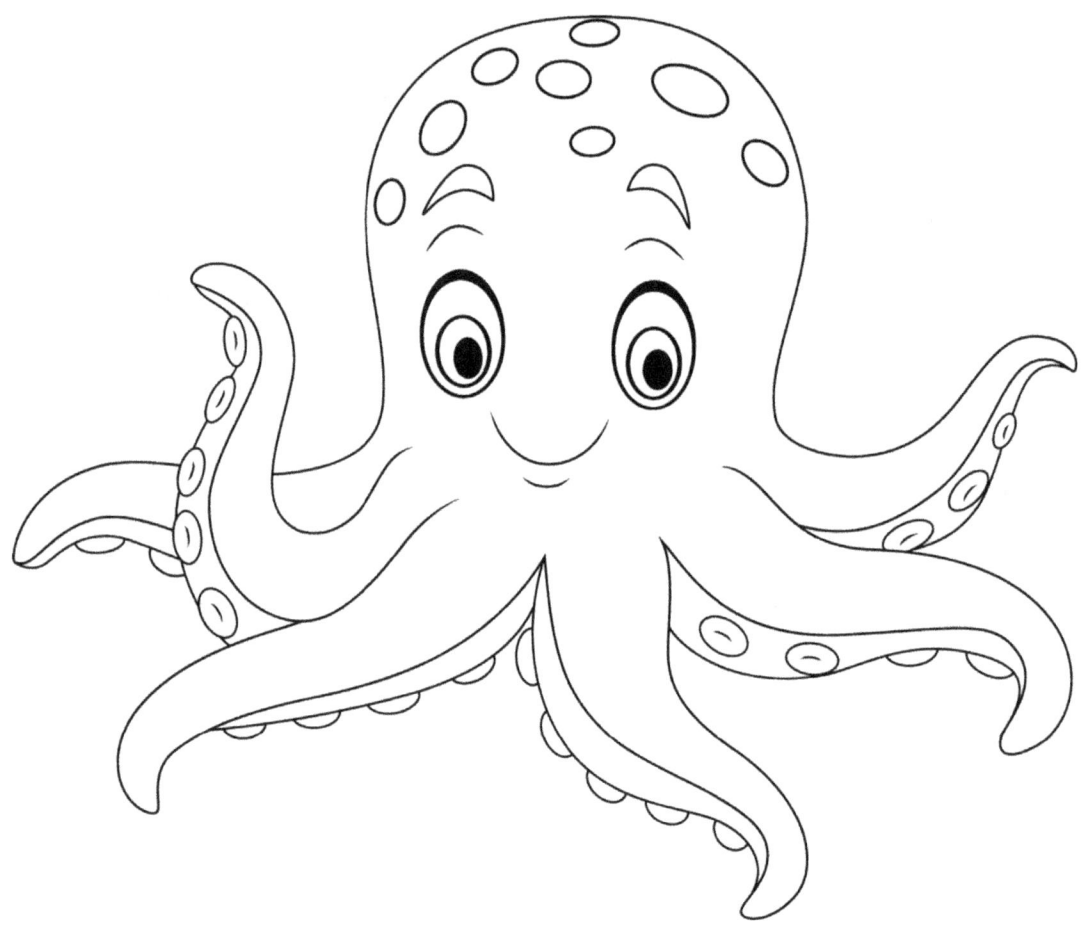

# Octopus

*Octopus*

# Orange

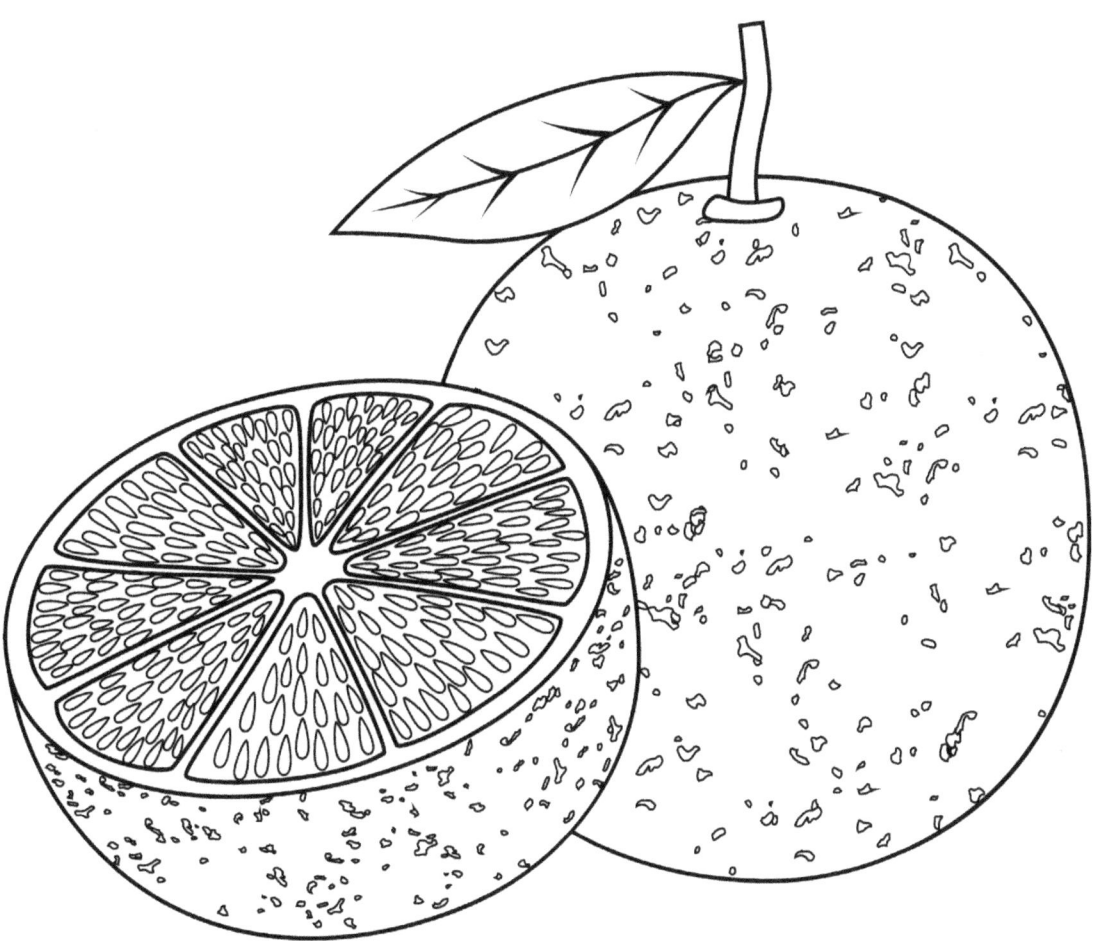

# Oranje

*Oranje*

**Pferd**

P_ard

**Nuss**

_oo_

**Krake**

O_to_us

**Orange**

O_a_je

# Eule

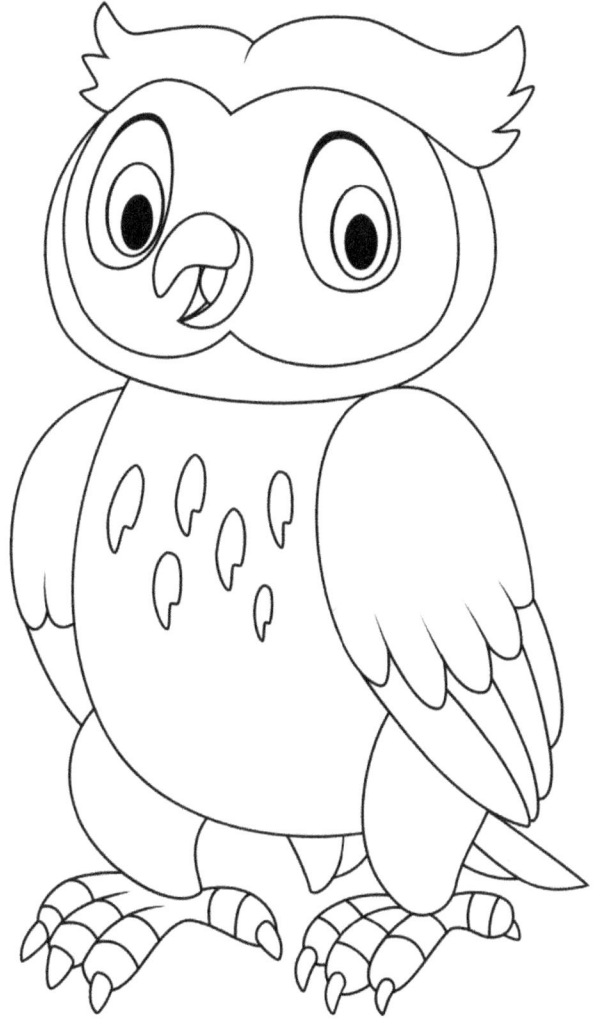

# Uil

*Uil*

# Stift

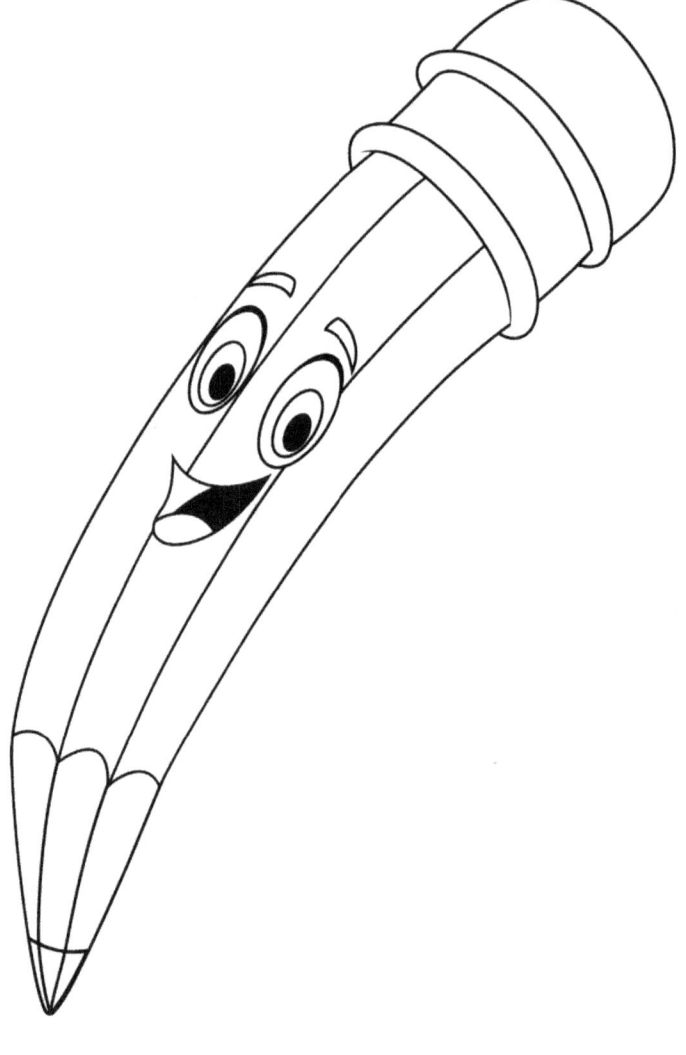

# Pen

*Pen*
_____

_____

_____

# Torte

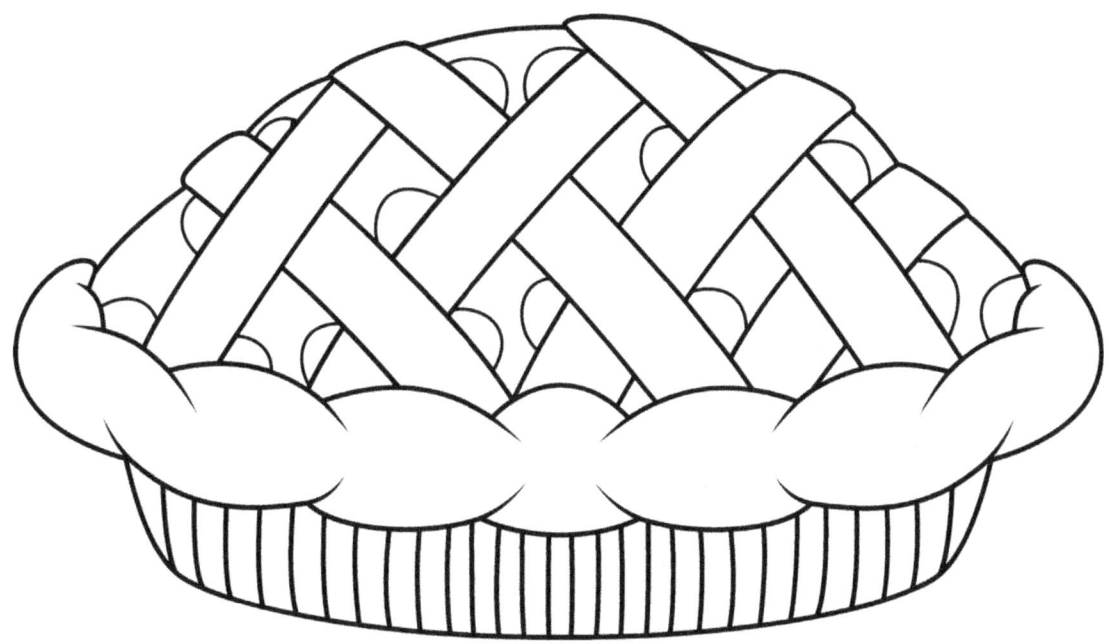

# Taart

*Taart*
_____
_____
_____

# Schwein

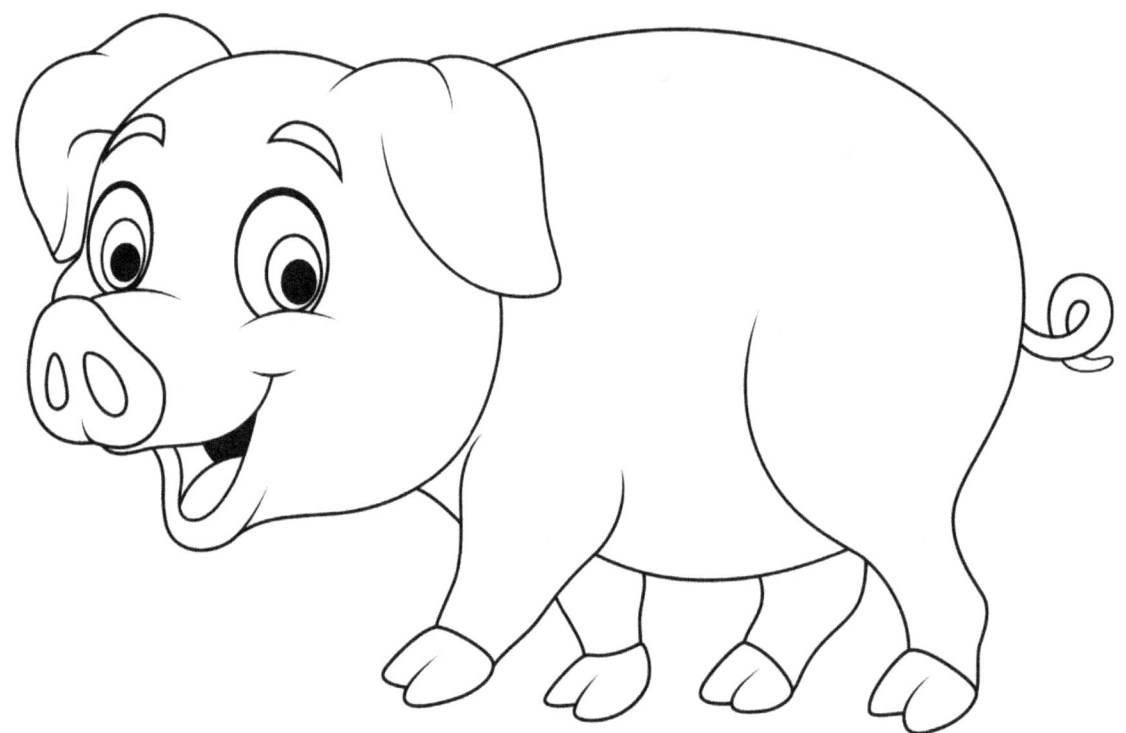

# Varken

*Varken*
_____

_____

_____

# Eule

U__

# Stift

__n

# Torte

_aar_

# Schwein

__rken

# Vogel

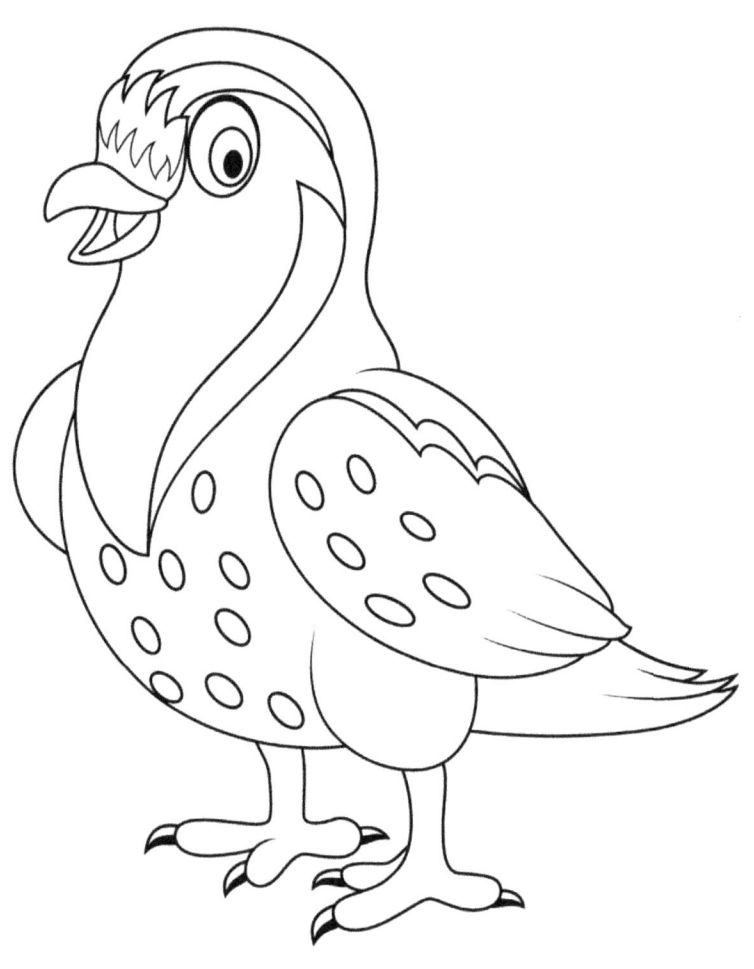

# Vogel

*Vogel*

# Königin

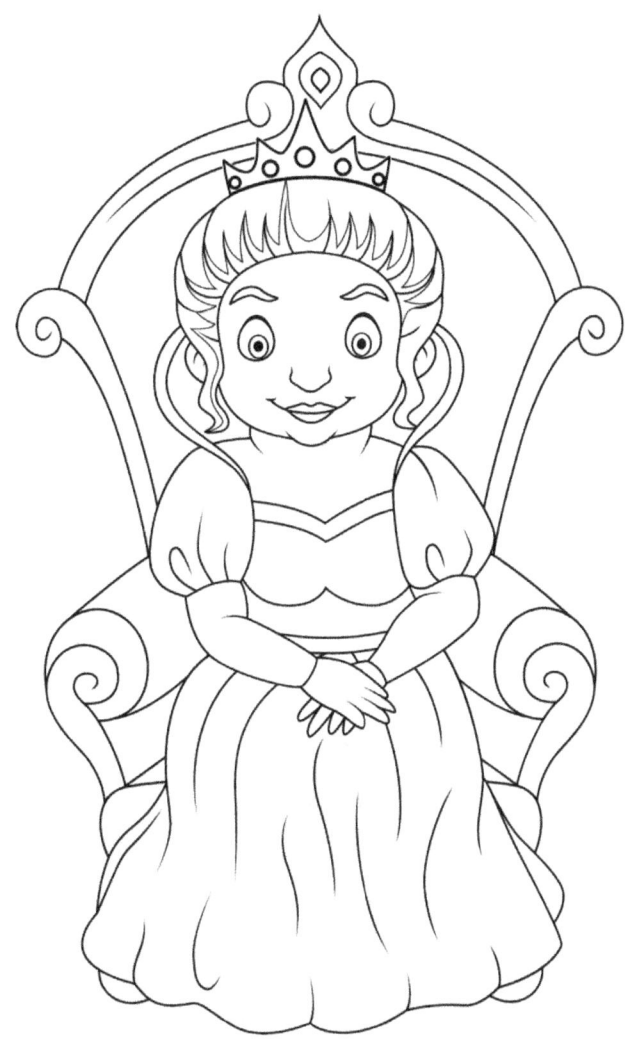

# Koningin

*Koningin*

# Feder

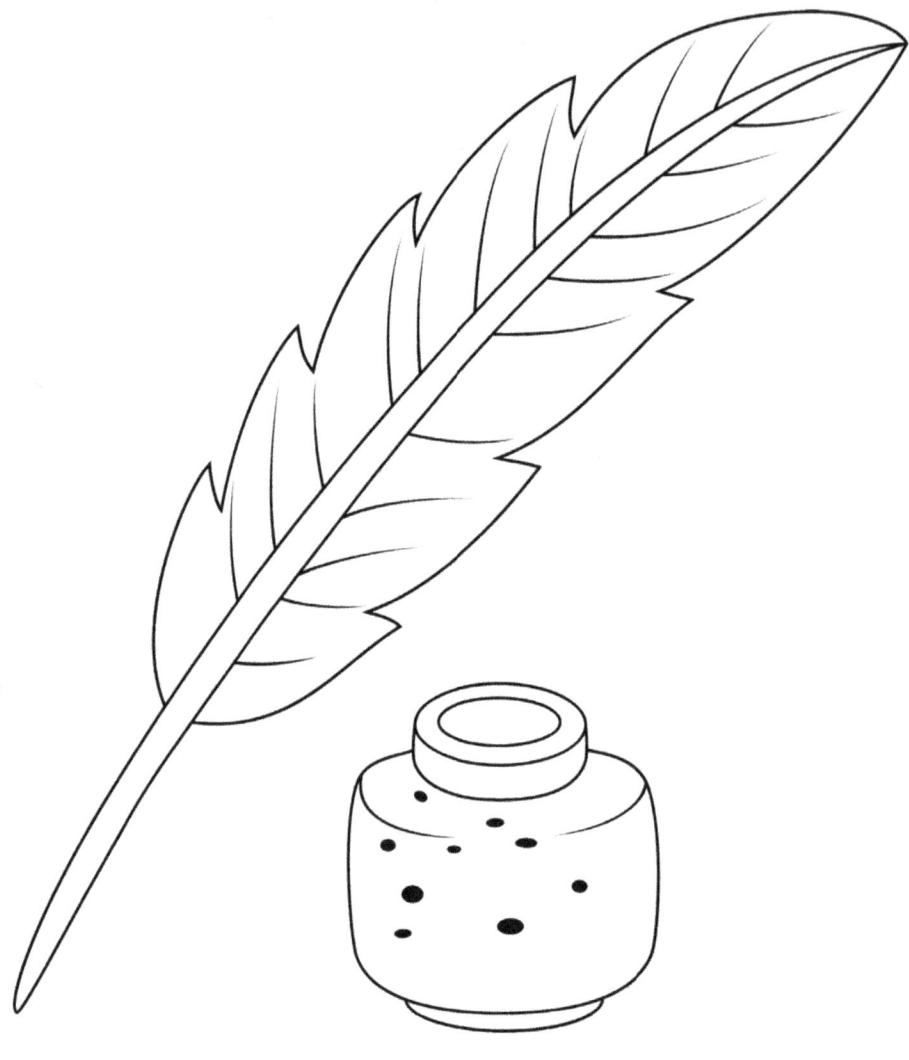

# Pluim

*Pluim*

# Hase

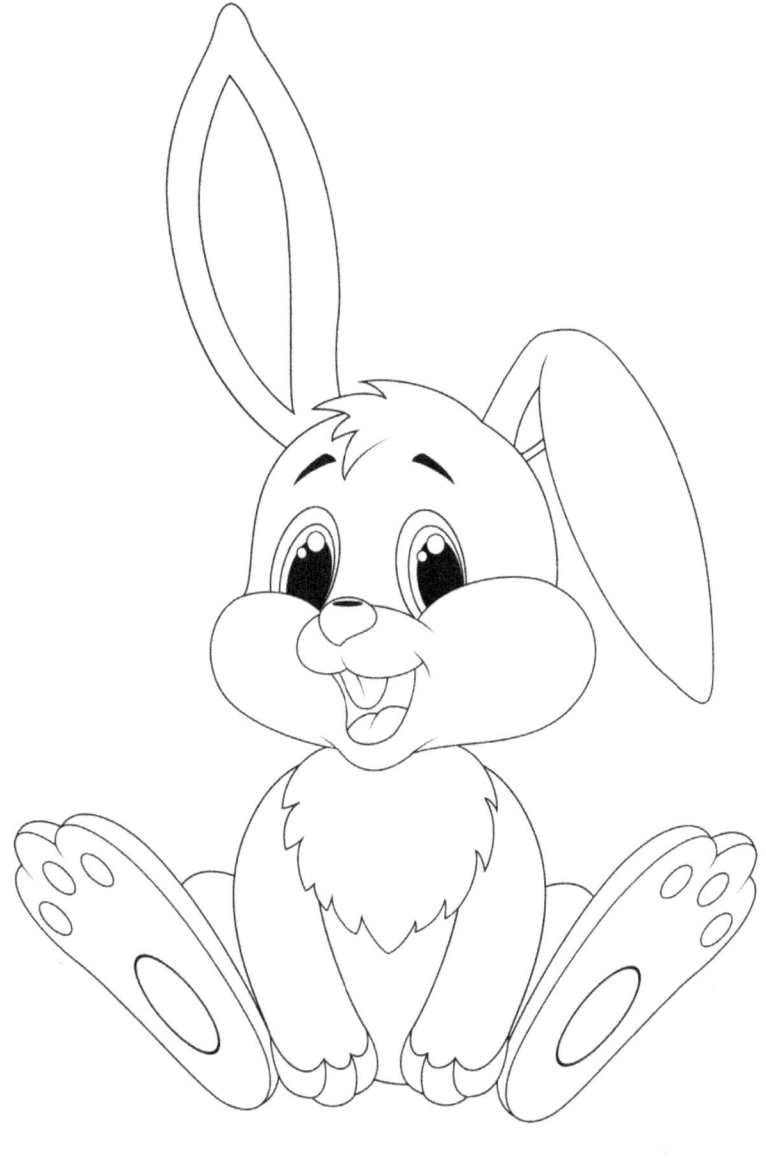

# Haas

*Haas*
_____

_____

# Vogel

_og_l

# Königin

Ko_ing_n

# Feder

P_ui_

# Hase

Ha__

# Nashorn

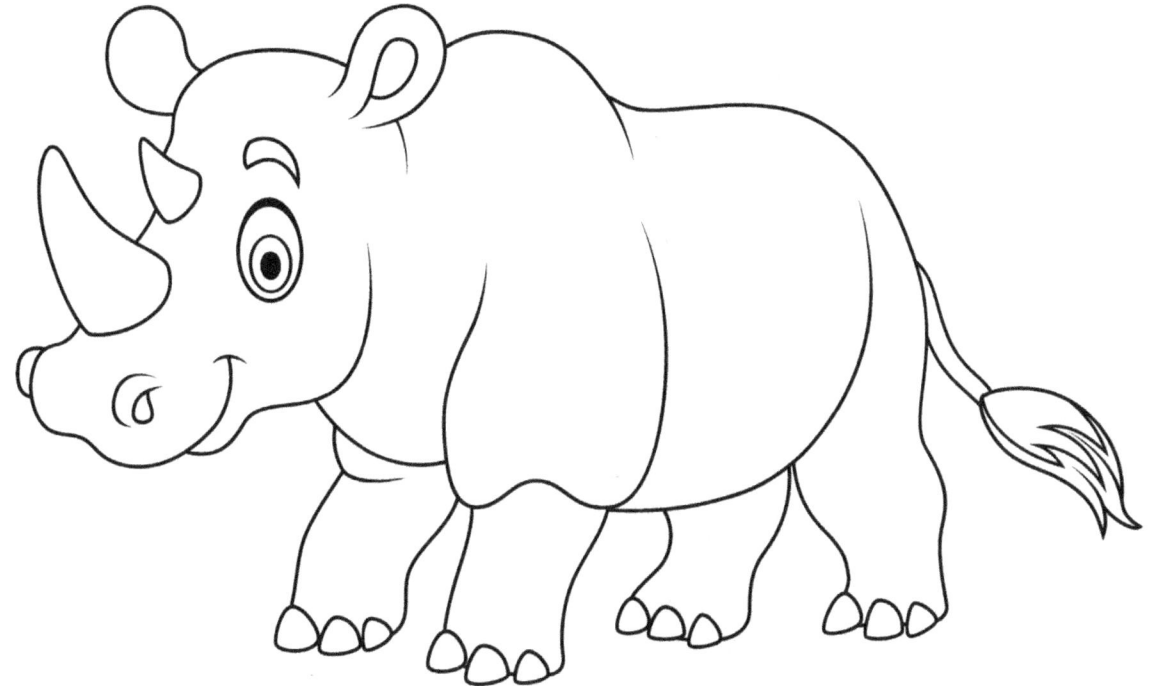

# Neushoorn

*Neushoorn*
_____
_____
_____

# Roboter

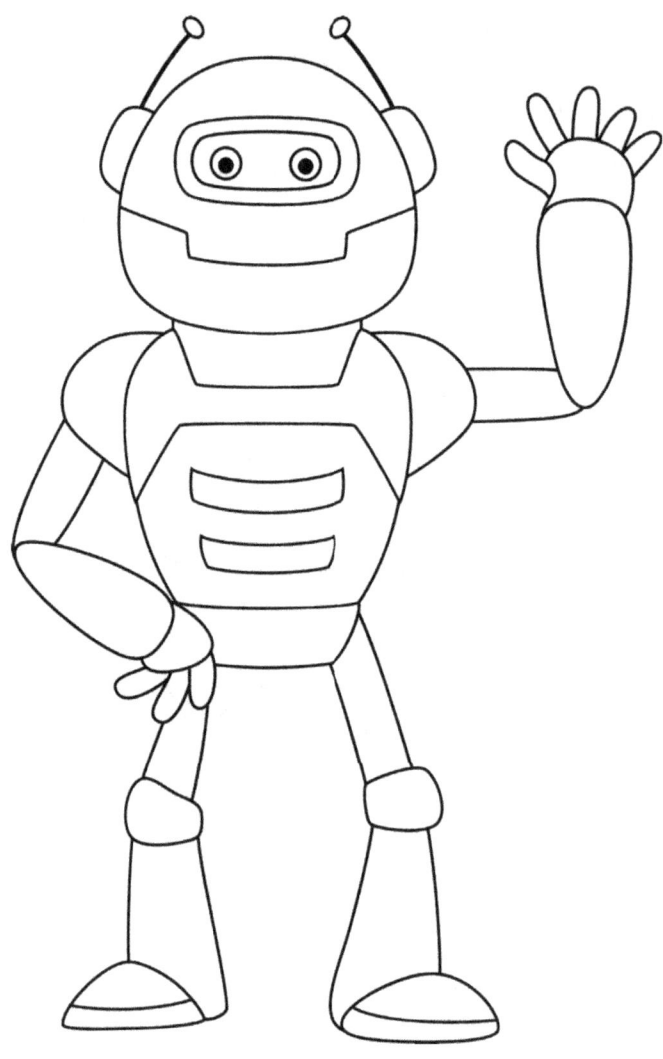

# Robot

*Robot*
_____

_____

_____

# Tiger

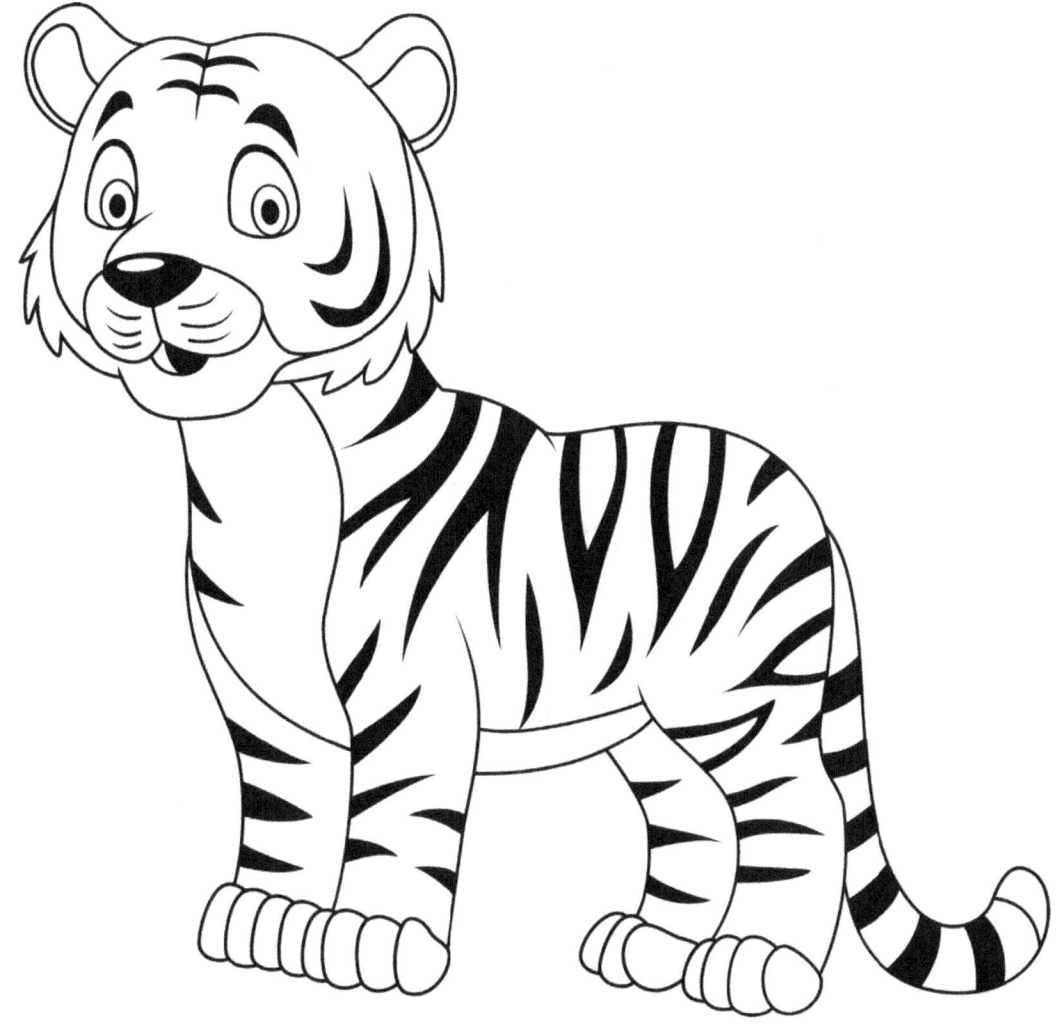

# Tijger

*Tijger*

# Baum

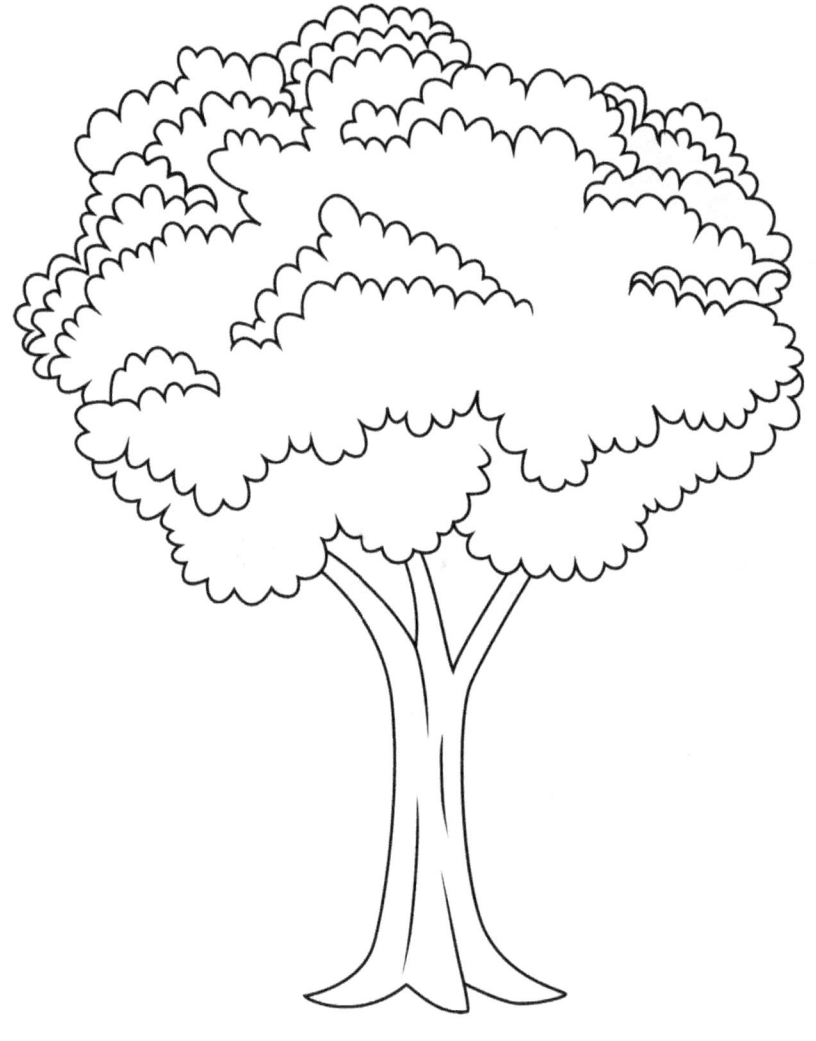

# Boom

*Boom*
_____
_____
_____

# Nashorn

Neu_h_orn

# Roboter

_ob_t

# Tiger

Tij__r

# Baum

Bo__

# Regenschirm

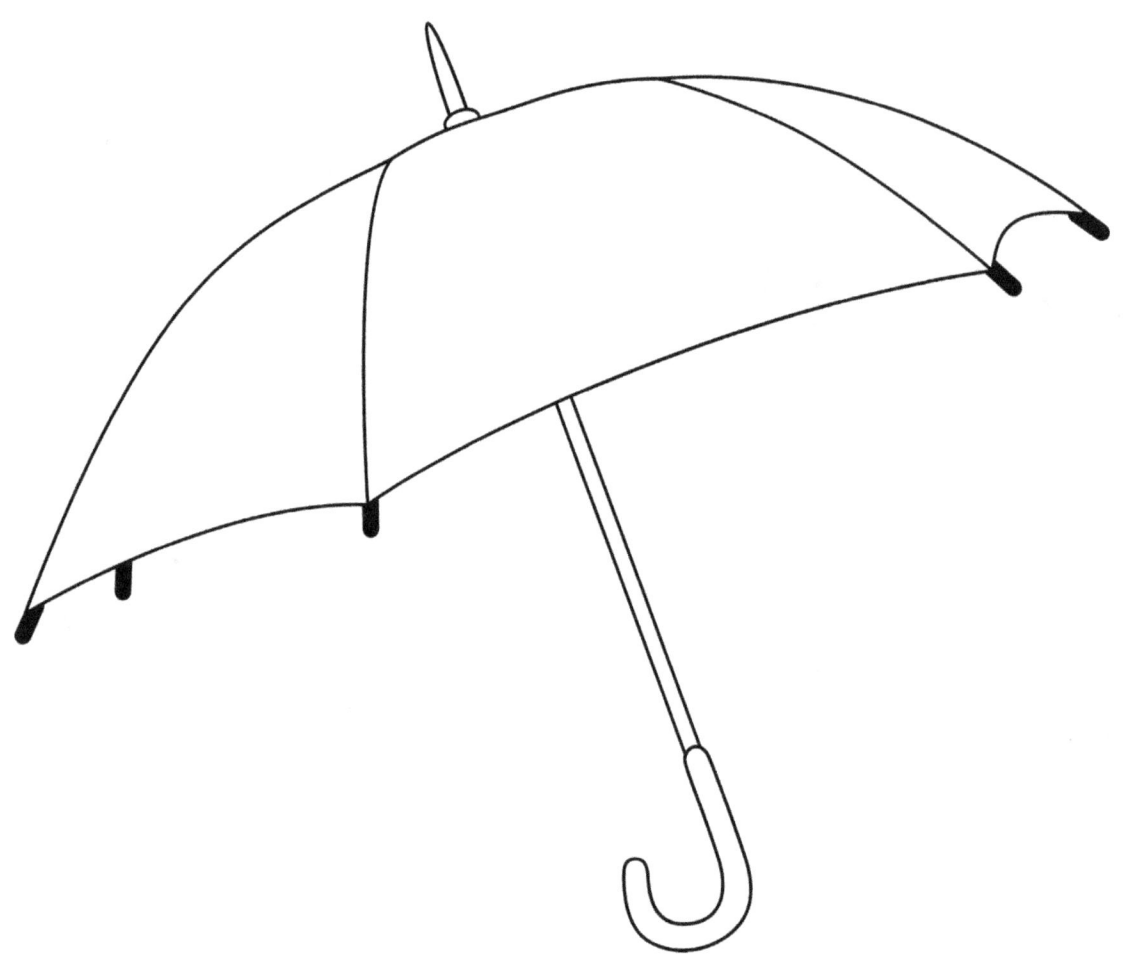

# Paraplu

*Paraplu*

# Seeigel

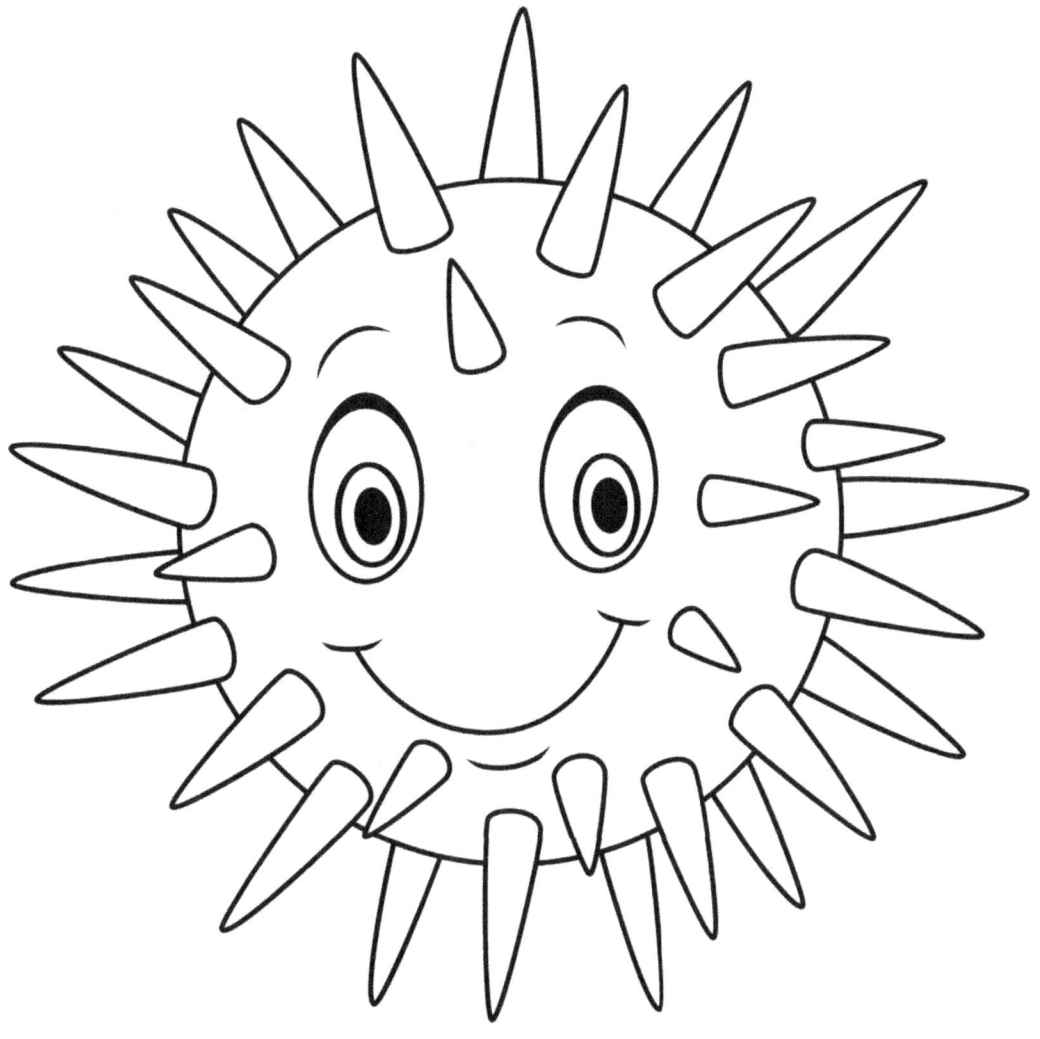

# Zee-egel

*Zee-egel*

# Sonne

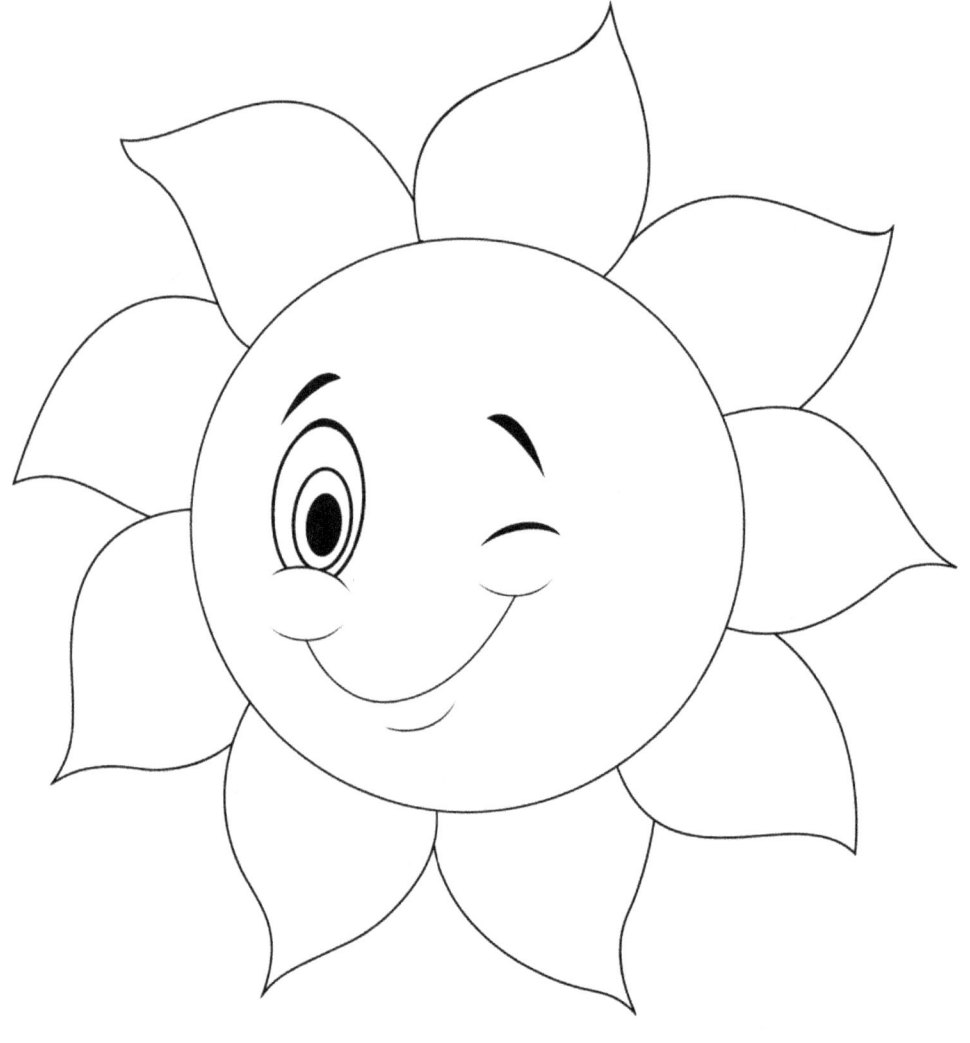

## Zon

Zon
_____

_____

# Gemüse

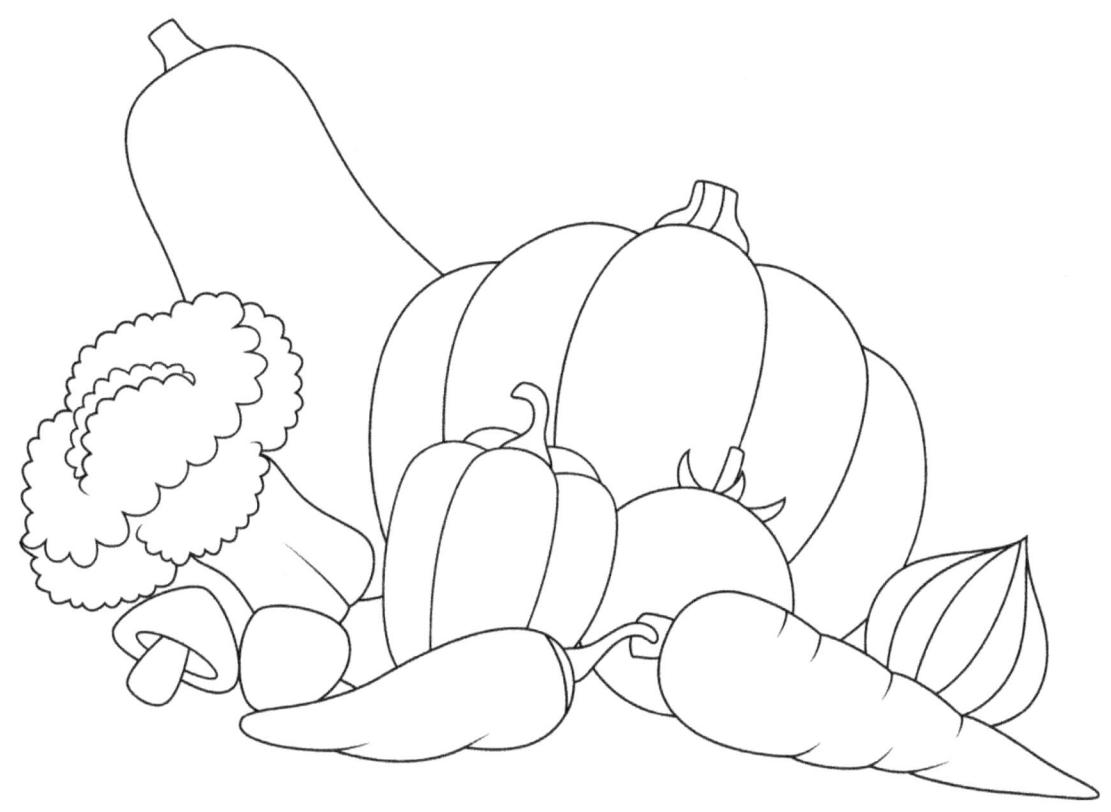

# Groente

*Groente*

# Regenschirm

Pa_apl_

# Seeigel

Ze_-egel

# Sonne

Z__

# Gemüse

Gr_ente

# Vulkan

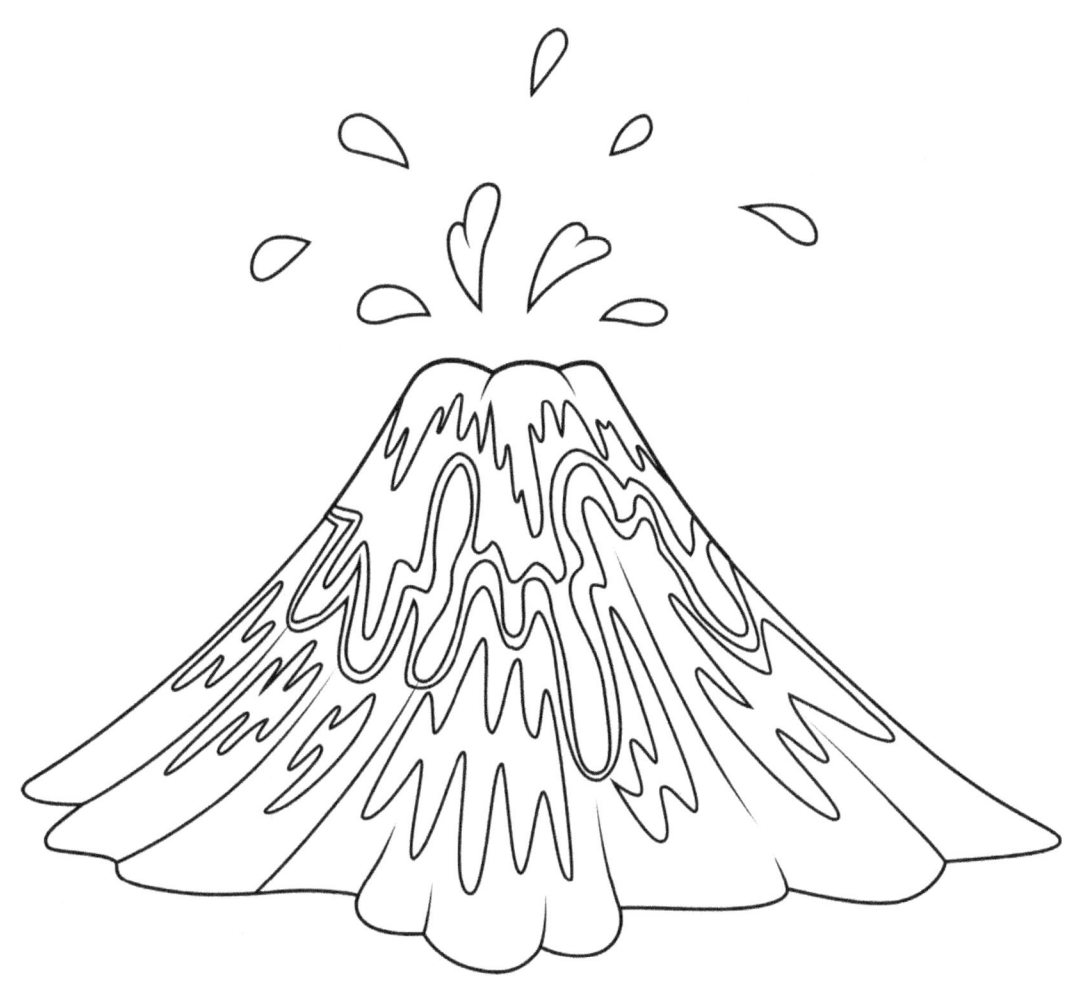

# Vulkaan

*Vulkaan*

# Geier

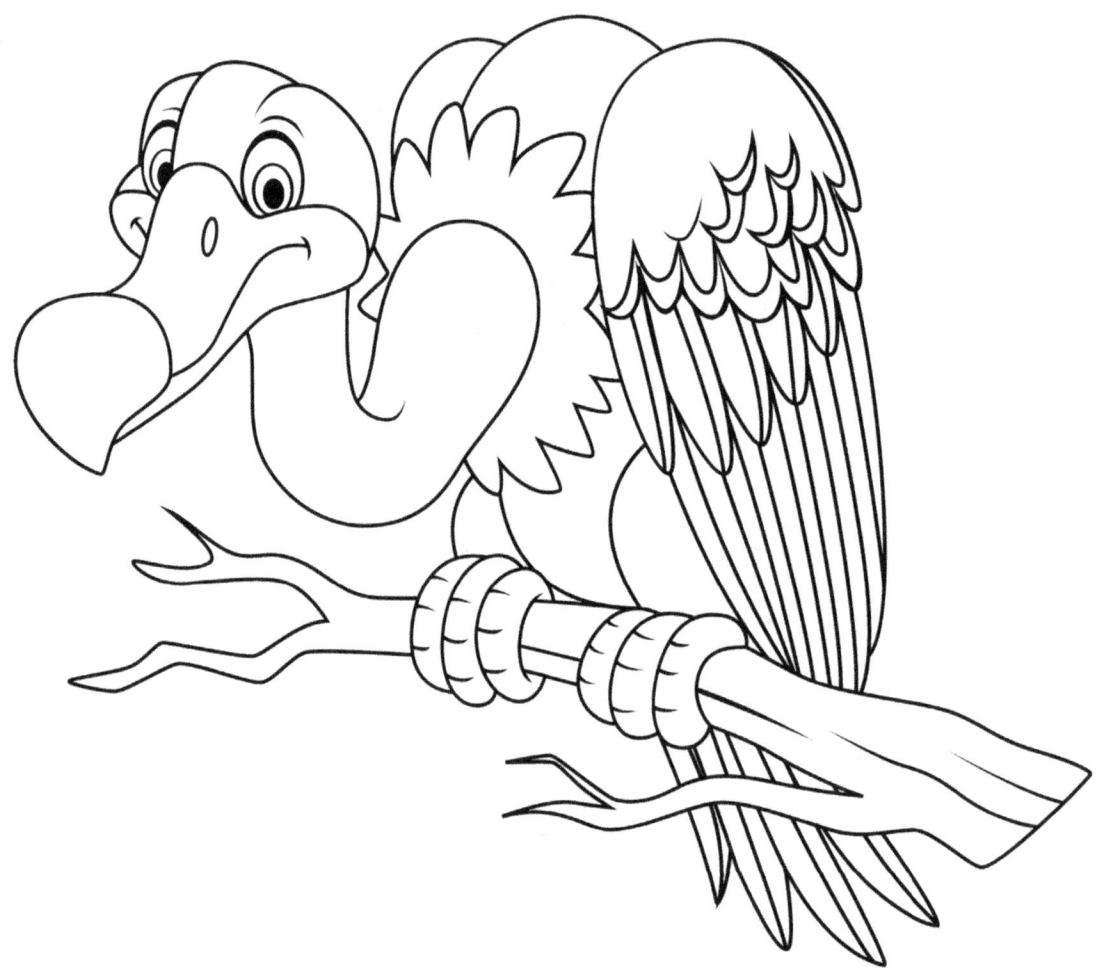

# Gier

*Gier*

# Wassermelone

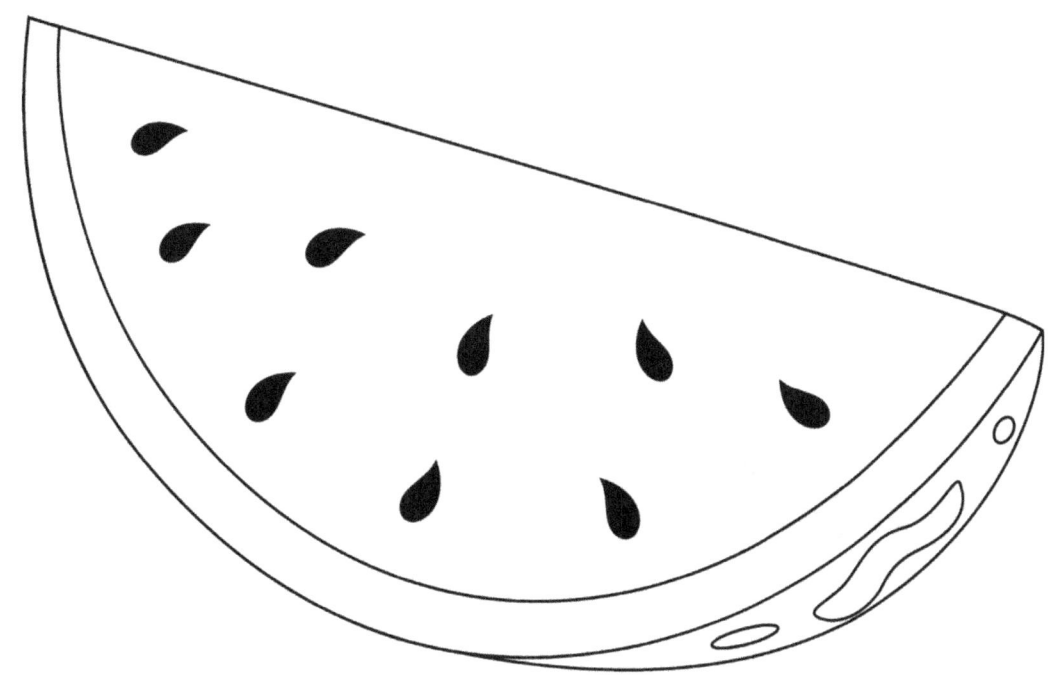

# Watermeloen

*Watermeloen*

# Wal

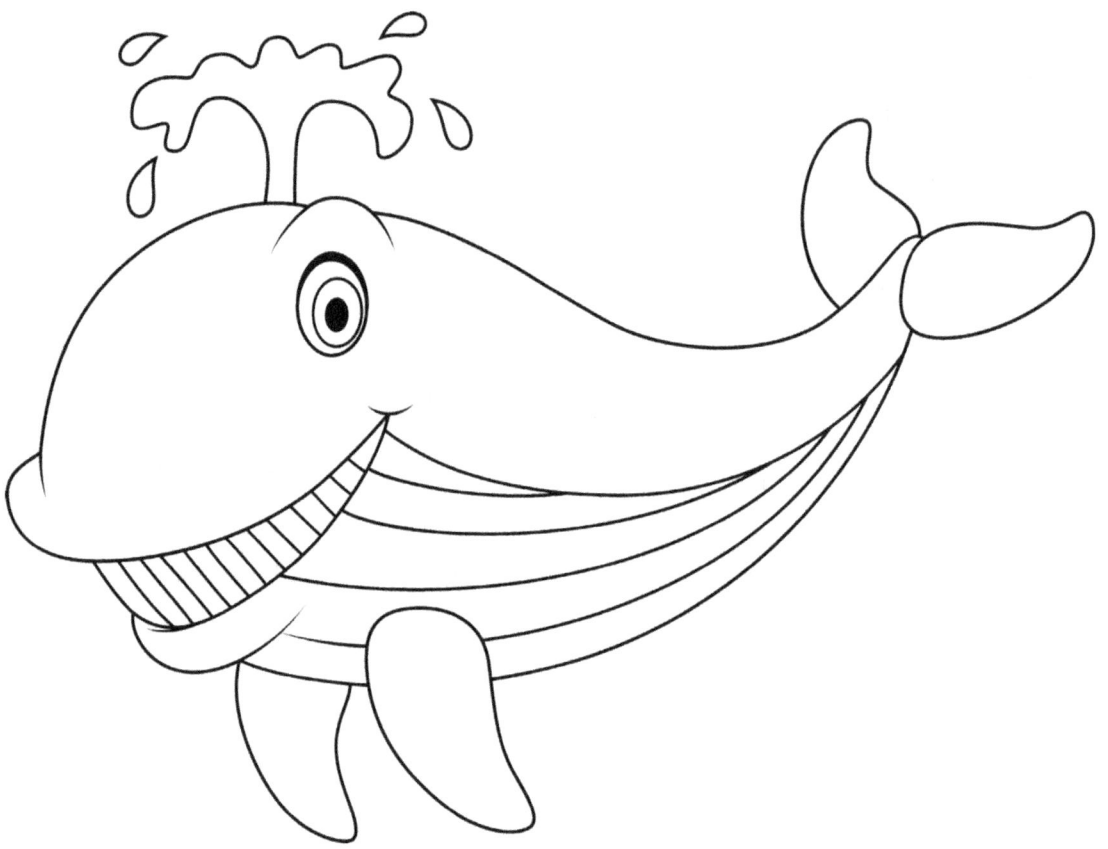

# Walvis

*Walvis*

Vulkan

V_lk_an

Geier

__er

Wassermelone

Waterm_l_en

Wal

Wal_i_

# Fenster

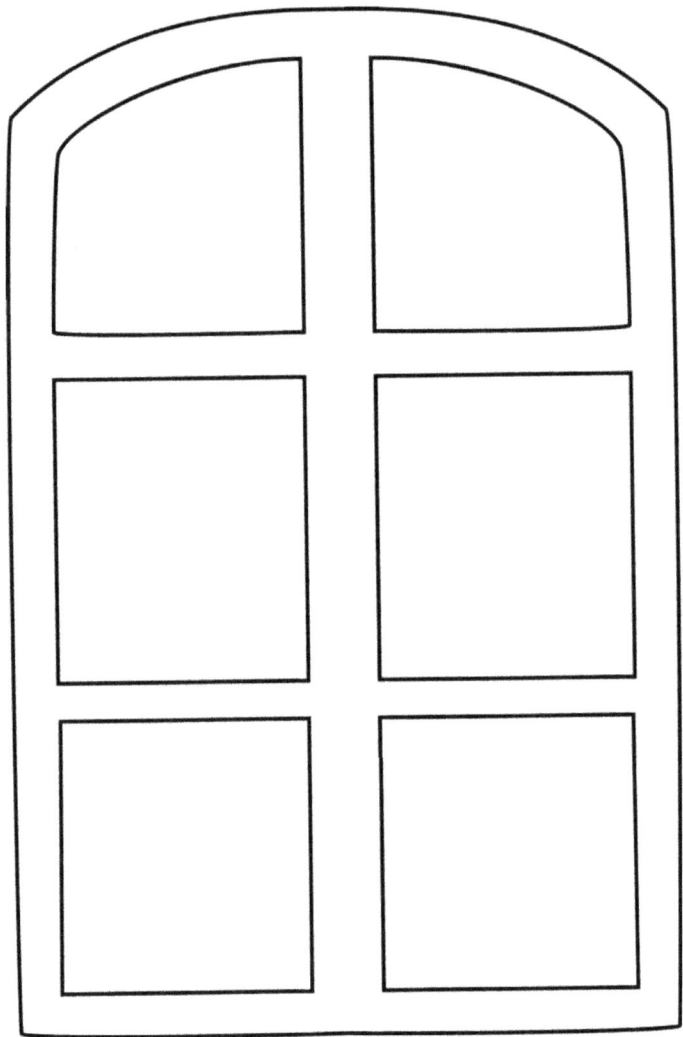

# Raam

*Raam*
_____
_____
_____

# Xylophon

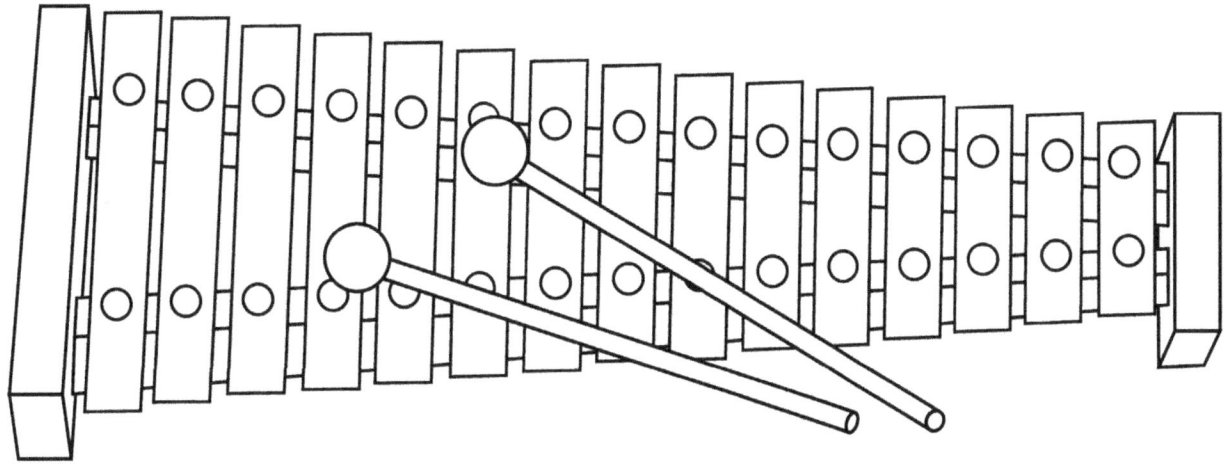

# Xylofoon

*Xylofoon*

# Segelschiff

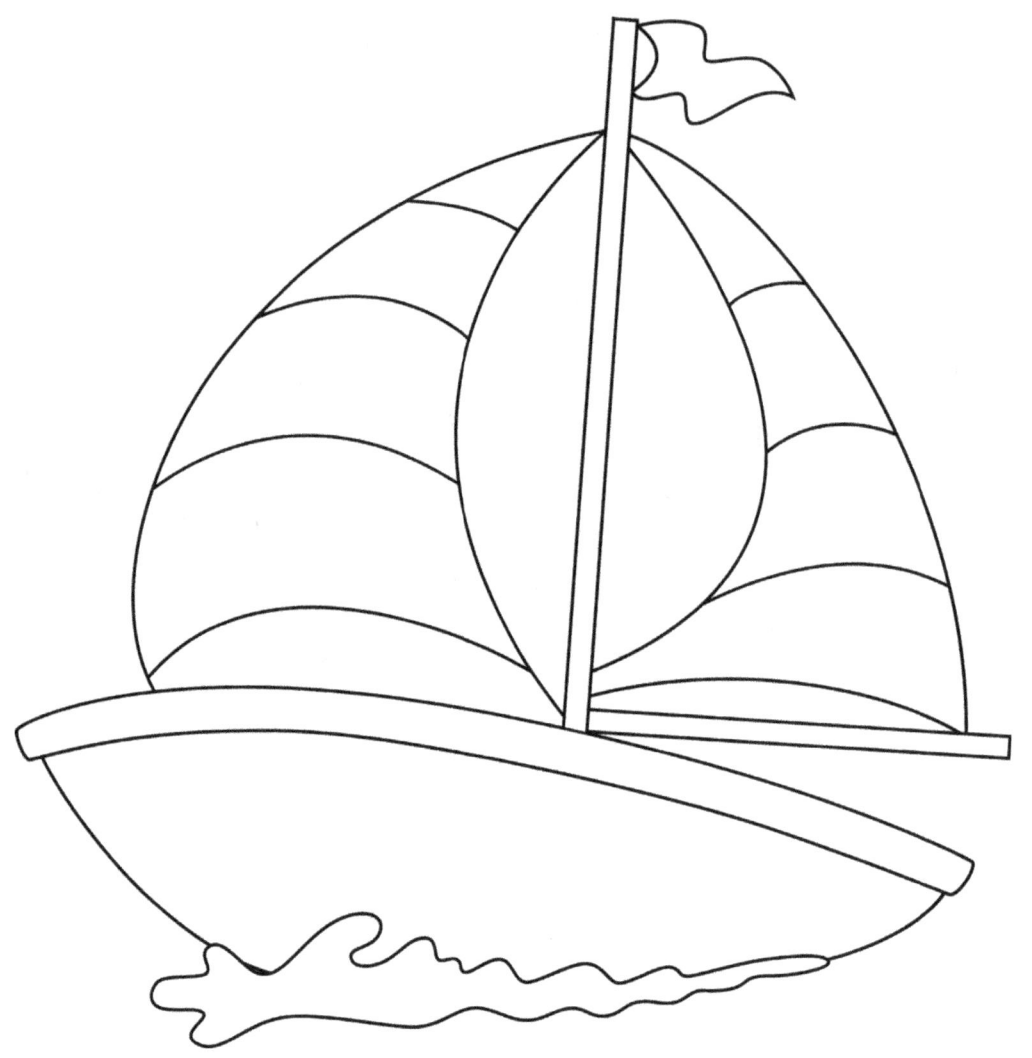

# Zeilschip

*Zeilschip*

# Schneemann

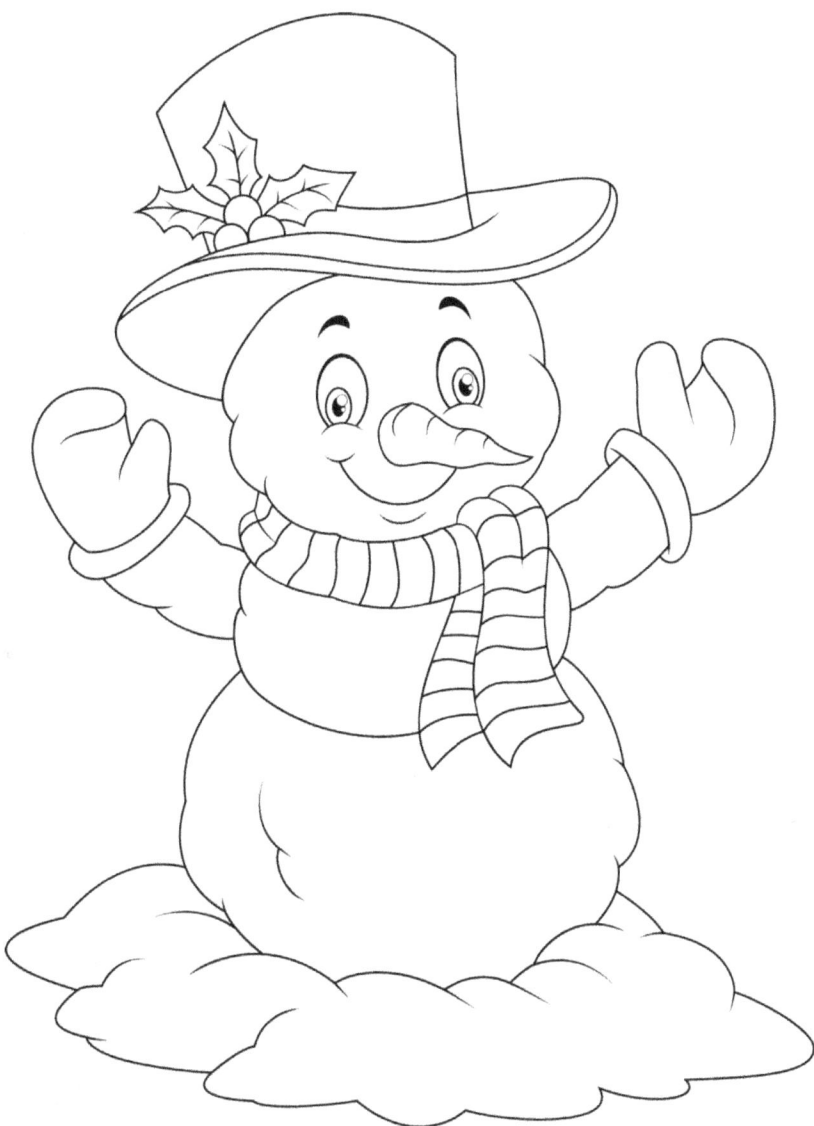

# Sneeuwman

*Sneeuwman*
_____

_____

_____

# Fenster

_aa_

# Xylophon

Xy_ofo_n

# Segelschiff

Z_ilschi_

# Schneemann

Sne_u_man

# Joghurt

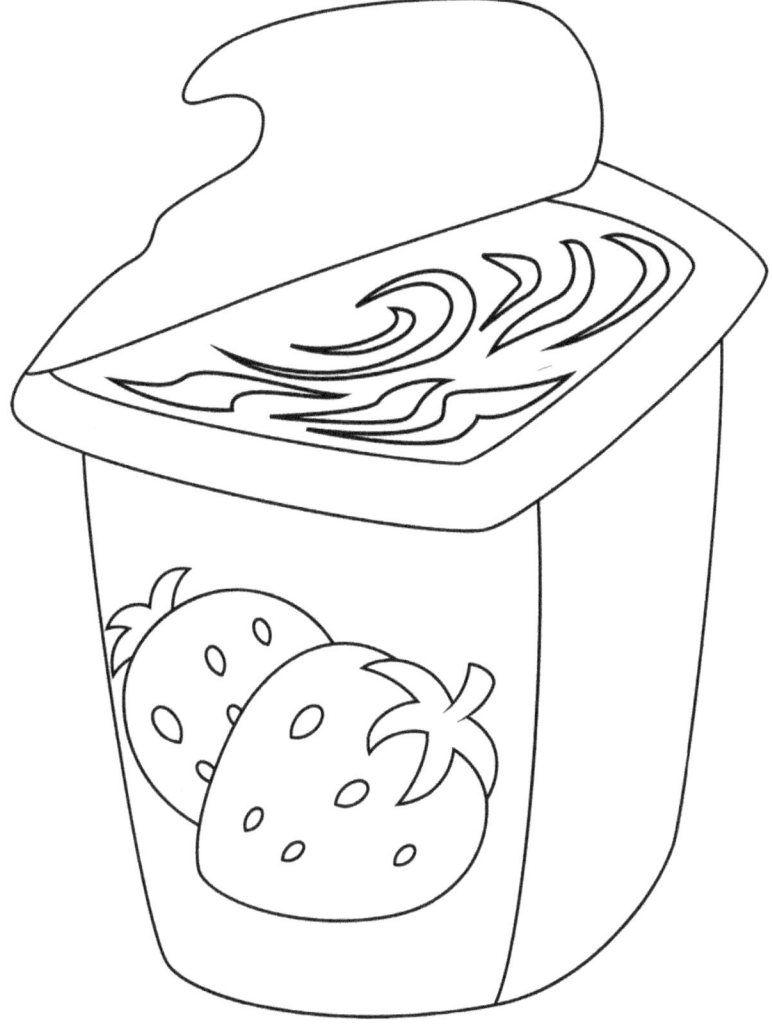

# Yoghurt

*Yoghurt*
_____

_____

# Huhn

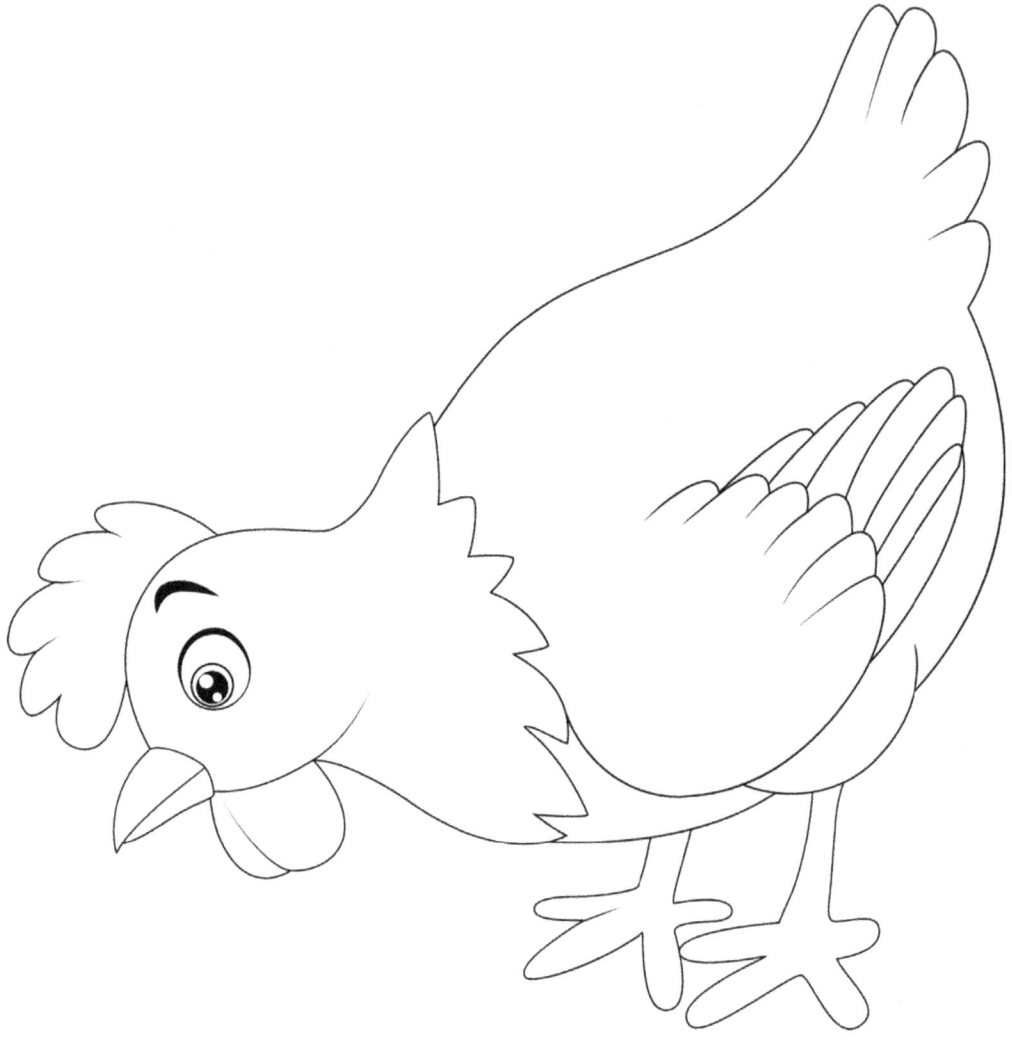

# Kip

*Kip*

# Schlüssel

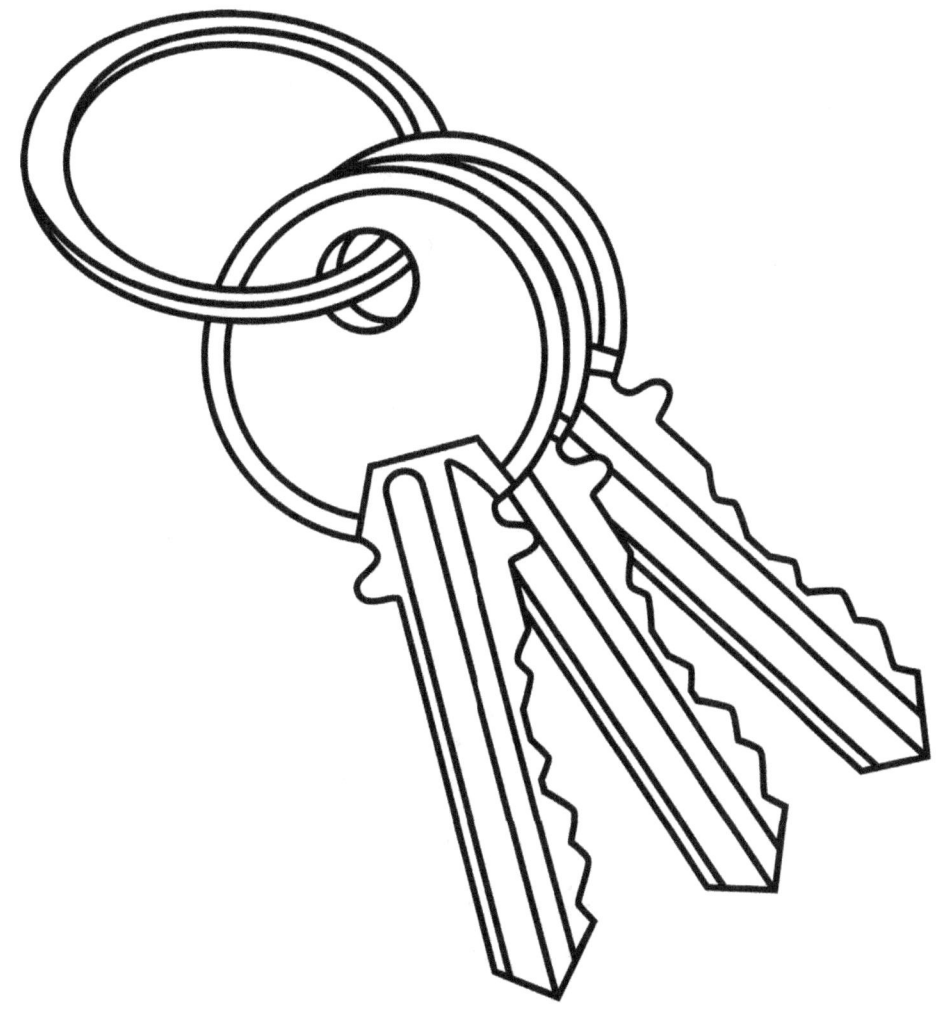

# Sleutel

*Sleutel*

# Koala

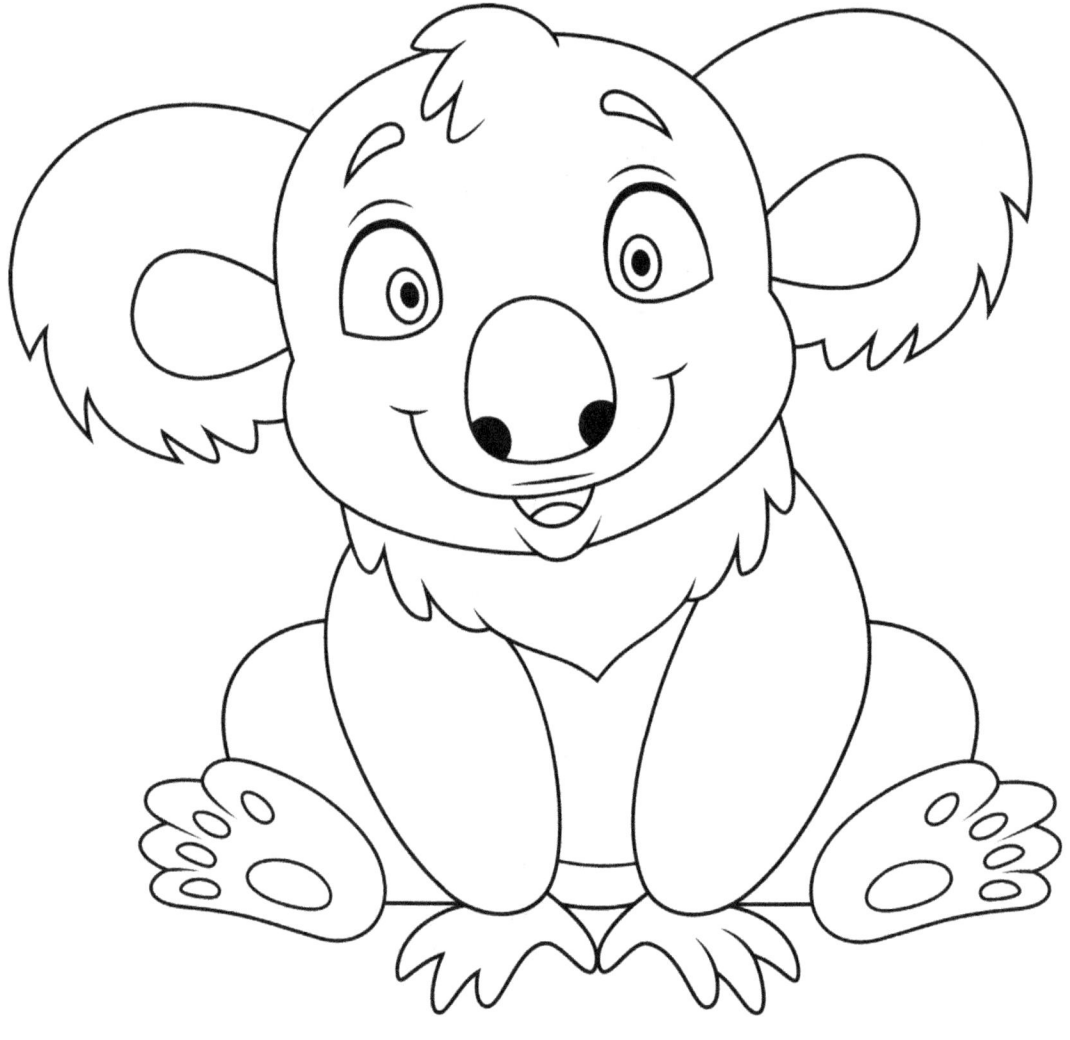

# Koala

*Koala*

# Joghurt

Yo_hur_

# Huhn

K_p

# Schlüssel

Sle_tel_

# Koala

Koa__

| | |
|---|---|
| **Ameise** | - |
| **Apfel** | - |
| **Raumfahrer** | - |
| **Banane** | - |
| **Bär** | - |
| **Buch** | - |
| **Auto** | - |
| **Katze** | - |
| **Mais** | - |
| **Hund** | - |
| **Donut** | - |
| **Trommel** | - |
| **Schnecke** | - |
| **Zebra** | - |
| **Elefant** | - |
| **Fisch** | - |

| | |
|---|---|
| **Blume** | - |
| **Fuchs** | - |
| **Giraffe** | - |
| **Brille** | - |
| **Weintrauben** | - |
| **Hamburger** | - |
| **Flusspferd** | - |
| **Haus** | - |
| **Eiscreme** | - |
| **Leguan** | - |
| **Ente** | - |
| **Jaguar** | - |
| **Marmelade** | - |
| **Qualle** | - |
| **Zeppelin** | - |
| **Kiwi** | - |
| **Erdbeere** | - |

| | |
|---|---|
| **Blätter** | - |
| **Lampe** | - |
| **Löwe** | - |
| **Affe** | - |
| **Maus** | - |
| **Fliegenpilz** | - |
| **Nagel** | - |
| **Pferd** | - |
| **Nuss** | - |
| **Krake** | - |
| **Orange** | - |
| **Eule** | - |
| **Stift** | - |
| **Torte** | - |
| **Schwein** | - |
| **Vogel** | - |
| **Königin** | - |

| | |
|---|---|
| Feder | - |
| Hase | - |
| Nashorn | - |
| Roboter | - |
| Tiger | - |
| Baum | - |
| Regenschirm | - |
| Seeigel | - |
| Sonne | - |
| Gemüse | - |
| Vulkan | - |
| Geier | - |
| Wassermelone | - |
| Wal | - |
| Fenster | - |
| Xylophon | - |
| Segelschiff | - |

| Schneemann | - |
|---|---|
| Joghurt | - |
| Huhn | - |
| Schlüssel | - |
| Koala | - |

© nerdMedia 2018

This work, including all its parts, is protected by copyright. Any use is not permitted without the author's consent. This applies in particular to copying, translation, storage and processing in electronic systems. Contact: Dirk Kolodziej/Peppermühl 9/48249 Dülmen/Germany info4us@nerdmedia.eu Cover design: nerdMedia Cover photo: depositphotos.com - Print Output Black & White: Amazon Media EU S.Ã .r.l./5 Rue Plaetis/L-2338 Luxembourg

www.ingramcontent.com/pod-product-compliance
Lightning Source LLC
Chambersburg PA
CBHW062332220526
45469CB00008B/2681